# THÈSE

## POUR LE DOCTORAT

A MON PÈRE

A MA MÈRE

## DROIT ROMAIN

## DE LA

# PROTECTION DE LA DOT

### PENDANT LE MARIAGE

## DROIT FRANÇAIS

## DES DROITS ET DES OBLIGATIONS

# DE LA FEMME DOTALE

### RELATIVEMENT A SA DOT

## PENDANT LA DURÉE DU MARIAGE

## THÈSE POUR LE DOCTORAT

L'ACTE PUBLIC SUR LES MATIÈRES CI-APRÈS
*Sera soutenu le Jeudi 9 Mai 1889, à 2 heures 1/2*

PAR

## HENRI LÉVY-ALVARÈS

*Président :* M. LYON-CAEN

*Suffragants* { MM. BEUDANT / BEAUREGARD / LE POITTEVIN } *professeurs* / *agrégé*

## PARIS

LIBRAIRIE NOUVELLE DE DROIT ET DE JURISPRUDENCE

# ARTHUR ROUSSEAU

ÉDITEUR

14, RUE SOUFFLOT ET RUE TOULLIER, 13.

## 1889

# INTRODUCTION

La dot est, suivant la définition du Code civil, le bien que la femme apporte au mari pour supporter les charges du mariage. Parmi les intérêts si nombreux et si élevés auxquels elle se rattache, ceux qui nous préoccuperont dans cette étude sont ceux de la femme. A vrai dire, on ne peut pas traiter de ceux-ci sans parler de ceux du mari, de la famille, des créanciers. Mais il nous semble utile de nous placer autant que possible à ce point de vue spécial pour examiner les traits essentiels du régime dotal. La préoccupation dominante du législateur et de la jurisprudence tant à Rome à partir de l'époque classique qu'en France, pour l'application du régime dotal, a été en effet de sauvegarder le patrimoine de la femme.

Cette sauvegarde doit aboutir à la restitution de la dot ; c'est là le but final. Or en vertu de cet adage un peu vulgaire que « qui veut la fin veut les moyens », la loi a dû assurer la restitution par de sages mesures de précautions pendant le mariage. Le droit absolu de propriété que la femme recouvrera à la dissolution du mariage se manifeste en conséquence pendant sa durée et par anticipation, pour ainsi dire, sous la forme d'une série de droits accordés à la femme, droits négatifs bien souvent et formant des restrictions aux droits de celui à qui le bien a été « apporté ».

Dans le Droit romain comme dans notre Code nous rencontrons de ces droits pendant le mariage ; toutefois il y a une différence capitale entre les deux législations. En France, la femme reste propriétaire de sa dot, il est donc possible de faire une étude spéciale de ses droits proprement dits et de ne laisser qu'une place accessoire à l'examen des droits du mari.

A Rome, le mari était considéré comme *dominus dotis*, et, bien que cette qualité ne lui appartînt pas dans un sens exclusif de tout droit de la femme, celle-ci ne conservait en somme que des droits négatifs pendant la durée du mariage.

Cette différence nous empêche de formuler notre thèse romaine comme notre thèse française. Recherchant dans l'une comme dans l'autre les règles qui protègent la dot pendant le mariage, nous sommes obligé de nous demander : en Droit français ce que devient, sous le régime dotal, la dot *restée dans le patrimoine de la femme* ; en Droit romain ce que devient la dot *attribuée en propriété au mari*.

C'est ainsi que nous étudions une même matière sous deux titres différents.

# DROIT ROMAIN

## DE LA

# PROTECTION DE LA DOT

## PENDANT LE MARIAGE

---

## GÉNÉRALITÉS

### DU PRINCIPE DE LA RESTITUTION DE LA DOT.

Les règles protectrices de la dot pendant le mariage, ont été nécessaires dès le jour où fut admise la restitution de la dot. A quoi en effet aurait servi cette institution nouvelle si les pouvoirs du mari étaient restés sans limites ? Quelle sécurité aurait offerte à la femme la créance qui devait naître pour elle à la dissolution du mariage, si on ne l'avait pas garantie en même temps contre sa propre faiblesse et contre les dissipations du mari ? La mesure la plus logique eût été de proclamer le droit de propriété de la femme avec l'inaliénabilité et de réserver

au mari un simple droit de jouissance sur la dot. Mais tout
innovateur, désireux de faire accepter son œuvre, doit tenir
compte des usages passés, de la coutume et des mœurs. La
législation et la jurisprudence se contentèrent donc d'un
double moyen : d'une part, elles fortifièrent le droit de créance
par un privilège, et d'une façon plus générale par l'organisa-
tion de la restitution telle que nous allons l'indiquer sommaire-
ment ; d'autre part, pendant le mariage, on restreignit les pouvoirs du mari, tout en maintenant son droit de propriété, mais
en édictant l'inaliénabilité, puis on défendit à la femme d'intercéder pour son mari. C'est cette seconde catégorie de mesures
que nous nous proposons d'étudier.

Les règles relatives à la dot ont été pendant longtemps de la
plus grande simplicité ; le mari en devenait propriétaire absolu
et sans restriction. La femme tombait toujours ou presque toujours, au début du Droit romain sous la *manus* du mari (1). La
puissance qui portait ce nom, modelée sur la *patria potestas*,
ne lui laissait ni biens ni personnalité. Assimilée à la fille de
famille (*loco filiæfamilias*), elle perdait toute sa capacité (2) :
quant à ses biens, — ou si l'on veut, à sa dot, — (3) qu'elle lui
appartînt ou qu'elle provînt d'un don fait par un tiers, elle
s'absorbait dans le patrimoine du mari (4).

(1) Sur cette question voy. en sens divers : Accarias, *Précis de Droit romain*,
t. 1, 4ᵉ édition, nᵒˢ 79 et 120. Esmein, *Revue générale du Dr.* 1886. Labbé,
*Rev. historique du droit*, 1887.

(2) Il est, en effet, presque certain qu'à l'époque où nous nous plaçons, la
fille de famille n'avait aucune capacité ; dans une législation où la femme,
lorsqu'elle ne se trouvait pas sous une puissance quelconque, était pourvue
d'un tuteur, il eût été étrange qu'elle eût, lorsqu'elle était *alieni juris*, une
pleine capacité. — Des textes classiques contiennent encore des traces de
cette situation — § 99. *Fragment. Vatic.* ; L. 3, § 4. D. *Commod. vel cout.*
XIII, 6.

(3) Ce mot de *dot* a paru inexact pour désigner les biens apportés par la
femme *in manu*. Il est certain cependant que les textes s'en servent. Voy.
Cicéron, *Topiq.* nᵒ 4. « Quum mulier viro in manum convenit, omnia quæ
mulieris fuerunt viri fiunt dotis nomine ».

(4) Gaïus, *Comm.* III, § 83.

La femme n'avait donc, pendant le mariage, rien à prétendre sur ces biens, qui lui étaient aussi étrangers que le reste du patrimoine du mari. C'est seulement lors du décès de son mari qu'elle pouvait, si elle vivait encore, se présenter à sa succession ; mais elle ne réclamait les biens dotaux qu'en concours avec les autres *heredes sui* du mari, et elle avait un droit égal au surplus du patrimoine de ce dernier.

Le mariage avec *manus* avait de tels inconvénients, que, peu à peu, on admit à côté de lui un mariage libre ou sans *manus*, lequel finit même par amener la disparition du premier.

Des résultats fâcheux se produisaient en effet soit que la femme fût *sui juris*, soit qu'elle fût *alieni juris*. Si elle était, *sui juris*, la *conventio in manum* venait dépouiller les agnats tuteurs, de leurs droits éventuels. Il était naturel que ces derniers hésitassent et ne consentissent que difficilement à un mariage dont le résultat était de leur causer un préjudice et de faire passer le patrimoine des ancêtres dans des mains étrangères.

La *manus* n'avait pas moins d'inconvénients pour la femme qui se trouvait *in patriâ potestate* : en tombant sous la puissance du mari, elle perdait nécessairement tous ses droits à la succession paternelle. Il est vrai que, par compensation, elle devenait *heres sua* de son mari. Mais il se pouvait qu'en fait la fortune du mari fût peu considérable ; en outre, la répudiation peu fréquente dans les premiers siècles, tendait à entrer de plus en plus dans les mœurs ; et, son effet étant de dissoudre avec le mariage la *manus* qui en était la conséquence, la femme se trouvait privée à la fois de la succession de son père et de celle de son mari.

La disparition de la *manus* ne fut cependant pas instantanée : on commença, à une époque indéterminée mais qui paraît antérieure de beaucoup à la loi des XII Tables, par autoriser le mariage sans *manus* : la femme conservait sans modification sa situation antérieure au mariage : elle restait *sui juris* et en tutelle, ou bien *alieni juris* et sous la puissance paternelle ; elle gardait ses droits à la succession paternelle et était, en ce qui concerne celle du mari, considérée comme une étrangère.

Dans le mariage sans *manus* la nécessité de la dot ne fit que s'accentuer.

En effet, à la destination primitive de la dot, — l'entretien du ménage, — vint s'en ajouter une autre : la femme mariée sans *manus* restait en dehors de la famille de son mari ; les enfants, qu'aucun lien de parenté civile n'unissait à leur mère, ne lui succédaient pas *ab intestat* ; et l'impossibilité où celle-ci se trouvait de tester (1) l'empêchait de corriger par sa volonté la rigueur de la loi. Il n'y avait donc, pour la femme qui se mariait sans *manus*, qu'un seul moyen de laisser une portion de sa fortune aux enfants qui naîtraient du mariage ; c'était d'apporter une dot, qui viendrait se confondre avec le patrimoine du mari, et suivrait les mêmes règles de dévolution.

Remarquons qu'avec le mariage sans *manus* apparut la distinction entre biens dotaux et biens paraphernaux. La dot ne portait que sur les biens expressément indiqués ; la femme *sui juris*, — la seule qui pût être propriétaire, — conservait les biens exclus de sa dot et la *filiafamilias* conservait ceux qu'elle recueillait plus tard à titre successoral.

Mais la dot, de quelque manière que le mariage fût contracté, s'absorbait inévitablement dans le patrimoine du mari ; seulement, la femme *in manu*, — et à ce point de vue sa situation était plus avantageuse, — avait l'espoir d'en recueillir par voie de succession une portion ou la totalité ; le mariage libre, au contraire, faisait perdre irrévocablement à la femme tous ses droits sur les biens qui lui étaient constitués.

Nous avons déjà fait entendre que le divorce, qui, dans les premiers siècles, n'avait guère qu'une existence théorique, acquit une importance de plus en plus grande. Dès le cin-

_______
(1) Gaïus, *Comm.* I, § 115.

quième siècle, il tendit à devenir le mode normal de dissolution du mariage et sa fréquence ne fit que s'accroître à la
fin de la République et sous l'Empire (1).

Or, le divorce permettait à la femme de se remarier et l'on
sait combien la législation romaine favorisait les seconds mariages et cherchait à les multiplier. Mais pour trouver l'occasion
de se remarier il aurait fallu une dot (2), et la femme s'en trouvait privée. Cette observation est surtout exacte pour la femme
*in manu* : privée par son mariage de ses droits éventuels à la
succession de son père, elle se voyait ensuite, par la dissolution
de la *manus*, suite nécessaire du divorce, dépouillée également
de la part à laquelle elle aurait pu prétendre dans la succession
de son mari ; la femme mariée sans *manus*, pouvait, au contraire, fonder espoir sur l'héritage paternel, mais ordinairement
au moment du divorce elle ne possédait aucune fortune. Il y
avait donc une nécessité sociale à partir du VIe siècle, à ce que
l'obligation fût imposée au mari qui répudierait sa femme de
restituer la dot. C'est ce que l'on ne tarda pas à reconnaître :
« interest reipublicæ mulieres dotes salvas habere, propter
quas nubere possint (3) ».

Il y avait aussi une raison de moralité, car c'était souvent
dans un but de spéculation honteuse que le mari répudiait sa
femme : les mœurs sévères et simples des anciens Romains s'é-
taient profondément altérées au souffle de la richesse des peu-
ples vaincus. « On ne se mariait que pour divorcer » (4).

La réforme s'introduisit tout d'abord par la création des
*Cautiones rei uxoriæ*, qui datent du divorce de Spurius Carvi-

<hr>

(1) Des femmes appartenant à des familles illustres ne comptaient plus les
années par le nombre des consuls, mais par celui de leurs maris (Seneq.
*de benef.*, III, 16).

(2) Les Romains n'épousaient pas facilement les femmes sans dot. Celles-ci
étaient, selon l'expression de Plaute, *inlocabiles* (Aululaire II, 2, 13, seq).

(3) L. 2. D. *De jure dot.* (23, 3.)

(4) Tertull., *apolog.*, 6.

lius Ruga, ainsi que nous l'apprend Aulu-Gelle (1). Ce divorce motivé sur une cause inusitée avait soulevé une indignation générale (2) et l'on prit l'habitude, par crainte de l'arbitraire du mari, de faire promettre à celui-ci lors de la réception de la dot la restitution d'une partie indéterminée en cas de divorce. « Dos his conditionibus dare solebat, dit Boëce (Topiques de Cicéron, 4) ut si inter virum uxoremque divortium contigisset, quod æquius melius esset, apud virum remaneret, reliquum dotis uxori restitueretur ».

Ces *cautiones* ne faisaient pas naître au profit de la femme une véritable action en restitution. Voici de quelle manière le mari acquittait l'engagement qu'il avait pris : on réunissait un conseil de parents, qui fixait le montant de la somme à restituer ; si le mari ne la trouvait pas exagérée, il la rendait soit au tuteur de la femme, si elle était *sui juris*, (3) soit à son père, si elle était restée soumise à la puissance de celui-ci. Si le mari n'avait pu tomber d'accord avec le conseil de parents, une *actio ex stipulatu* sanctionnait la *cautio rei uxoriæ* ; la procédure ordinaire devait, sans aucun doute, être suivie ; mais elle présentait ici cette particularité, que le juge n'était tenu de se conformer à aucune règle de droit ; il réglait la restitution en se fondant sur l'équité et faisait, pour nous servir de la qualification qu'Aulu-Gelle (4) attribue à Caton l'Ancien, *office de Censeur : « Vir » quum divortium fecit mulieri, judex pro censore est, imperium » quod videtur habet »*.

(1) Memoriæ traditum est, quingentis fere annis post Roman conditam nullas rei uxoriæ, neque cautiones, neque actiones, in urbe Romana aut in Latio fuisse, quia profecto nihil desiderabantur, nullis etiam tunc matrimoniis divertentibus. Servius quoque Sulpicius in libro quem composuit, *De Dotibus*, tunc primum cautiones rei uxoriæ necessarias visas esse scripsit cum Sp. Carvilius, cui Ruga cognomentum fuit, vir nobilis, divortium cum uxore fecit, quia liberi ex ea, corporis vitio, non gignerentur (Noct. Attiq. IV, 2).

(2) Valère Maxime II. 1. 4. Denys d'Halycarnasse, II, 26.

(3) C'est-à-dire dans tous les cas où le mariage avait mis la femme *in manu mariti* ; la *manus* se dissolvant par le divorce, la femme devenait *sui juris.*

(4) *Loc. cit.*

Les motifs mêmes qui avaient introduit dans l'usage la *Cautio rei uxoriæ* conduisirent fatalement à la sous-entendre et à obliger le mari à une même restitution, qu'il eût contracté ou non l'engagement de rendre la dot.

Ce fut un changement analogue à celui qui se produisit plus tard pour la *Stipulatio duplæ* qui sanctionnait la garantie due par le vendeur en cas d'éviction.

A partir du jour où une obligation légale fut imposée au mari, une véritable action prit naissance, elle était personnelle et de bonne foi et était désignée sous le nom d'action *rei uxoriæ*. Elle portait sur la dot tout entière, mais le mari avait le droit d'exercer des retenues soit pour subvenir à l'entretien des enfants issus du mariage dont il était désormais chargé seul, soit pour obtenir le remboursement des dépenses faites sur l'immeuble dotal, soit encore pour se faire restituer le montant des donations qu'il avait faites à la femme (celles-ci étant prohibées). En outre, si la femme avait détourné des valeurs appartenant à son mari, celui-ci les déduisait du montant de la dot qu'il restituait. Enfin il prélevait également (*retentio propter mores*) une somme dont l'importance variait, lorsque le divorce avait lieu par suite des écarts de conduite de la femme.

L'action *rei uxoriæ*, limitée dans l'origine au cas de divorce, fut bientôt étendue à l'hypothèse où le mariage se dissolvait par la mort du mari (1). Quant au cas où la dissolution s'opérait par la mort de la femme, aucun des motifs que nous avons indiqués plus haut ne pouvait s'y appliquer. Aussi la restitution ne fut-elle obligatoire que dans un seul cas, celui où la dot était profectice, c'est-à-dire constituée par le père de la femme ; si ce dernier pouvait la réclamer, quel que fût le mode de dissolution du mariage (2), c'est qu'on présumait qu'il n'avait pas

---

(1) Cela résulte du passage de Tite-Live (*Épist.* XLVI) et de la L. 66 pr. D. *Soluto matr.* 24, 3.

(2) Ulpien. Reg., VI, § 7.

voulu faire un abandon définitif de la dot, mais s'acquitter de l'obligation où il se trouvait de doter sa fille (3).

Il est facile de prévoir l'influence que l'introduction de l'action *rei uxoriæ* devait avoir sur les droits de la femme pendant le mariage. Une bonne législation devait interdire au mari de dissiper des biens qu'une circonstance déterminée pouvait l'obliger à rendre à la femme ; de.là l'inaliénabilité du fonds dotal, le privilège accordé à la femme pour obtenir la restitution et le droit reconnu plus tard de se faire rendre la dot avant la dissolution du mariage lorsque le mari tombait dans la misère. A ces garanties, il faut ajouter le sénatus-consulte Velleien car l'incapacité qu'il imposa à la femme de s'engager dans l'intérêt du mari, servit à la conservation de la dot.

La matière de la restitution de la dot subit encore de graves transformations sous Justinien. Mais celles des innovations de cet empereur qui nous intéressent au point de vue de la protection de la dot pendant le mariage seront examinées dans le cours de cette étude. Disons seulement qu'elles tendaient toutes à garantir avec plus d'énergie ce droit à la restitution qui, inconnu dans les premiers temps, avait fini par paraître éminemment juste et moral.

. Comment ce droit a-t-il été sauvegardé pendant le mariage aux diverses époques du Droit romain ? Pour le savoir, nous nous occuperons successivement de la propriété de la dot, de son administration, de son aliénation et des engagements de la femme.

---

(3) Pomponius donne cette raison peu sérieuse que l'on ne voulait pas que le père eût le double malheur de perdre sa fille et son argent (L. 6 pr. D. *de jure dot*, 23, 3).

# CHAPITRE PREMIER

## DE LA PROPRIÉTÉ DE LA DOT.

Nous n'avons pas à nous demander quel était le propriétaire des biens dotaux à l'époque où la *manus* était la conséquence inévitable du mariage ; la femme perdant tous ses biens en même temps que sa personnalité s'absorbait dans celle du mari, celui-ci devenait propriétaire incommutable de la dot.

Il en fut certainement de même pendant longtemps dans l'hypothèse où le mariage se contractait sans *manus* : si la femme ne devenait pas la *filiafamilias* de son mari, ses biens n'en subissaient pas moins, comme nous l'avons vu, le même sort que dans la situation contraire : ils se confondaient avec le patrimoine du mari, et la femme avait moins d'espoir encore que sous la *manus* d'en recouvrer la propriété.

Mais ce principe ne se trouva-t-il pas modifié lorsque le mari dut contracter l'obligation de restituer une portion de la dot, et, à plus forte raison, après la création de l'action *rei uxoriæ* ?

La négative n'est pas douteuse en ce qui concerne la première question ; quoiqu'aucun texte n'y réponde, on peut affirmer avec certitude que le mari, malgré l'obligation qui lui était imposée, devenait propriétaire de la dot : il ne restituait en effet qu'une portion indéterminée de la dot, et, cette portion ne pouvant être connue que par une opération postérieure à la dissolution du mariage, le mari gardait sans aucun doute jusqu'à ce moment la propriété de toute la dot ; on doit même supposer que la restitution portait, à son choix, soit sur des valeurs en nature si elles subsistaient encore, soit, que la dot existât ou non *in specie*, sur une somme d'argent. Le but de la restitution n'exigeant pas en effet le remboursement des objets mêmes qui avaient été apportés, on devait appliquer les principes favorables à la libération du débiteur.

Plus tard, nous l'avons vu, la restitution porta sur la dot tout entière, déduction faite des *retentiones* que le mari put exercer. Cette restitution dut, autant que possible, avoir lieu en nature. La loi Julia, dans une disposition que nous aurons l'occasion de commenter, frappa même les *immeubles* dotaux d'inaliénabilité pour empêcher le mari de contrevenir à cette obligation. Ces diverses observations doivent-elles nous amener à reconnaître que la femme va conserver désormais la propriété de sa dot? On conçoit l'importance théorique de cette question et l'influence qu'elle pourrait avoir sur les droits et les obligations de la femme ; hâtons-nous d'ajouter que, la plupart de ces derniers points étant résolus par les textes, le problème n'a pas en pratique la même importance.

Pour résoudre la question qui nous occupe, il est essentiel de distinguer entre les choses fongibles et les corps certains que peut comprendre la dot.

Les choses fongibles sont celles qui, d'après l'intention des parties, peuvent être remplacées sous tous les rapports par des choses appartenant à la même catégorie ; on les désigne généralement sous le nom de *choses de genre*. Elles entrent, sans contestation possible, dans le patrimoine du mari, qui n'est tenu que d'en restituer l'équivalent lors de la dissolution du mariage. Il en est ainsi, on le sait, du quasi-usufruitier, lequel devient propriétaire des choses de genre comprises dans son usufruit ; c'est *à fortiori* que cette solution doit être appliquée au mari.

Nous venons d'indiquer la principale conséquence de cette

assimilation; signalons-en une autre qui n'est pas moins évidente et rappelons que le mari supporte les risques des choses fongibles comprises dans l'usufruit. Par suite, la perte de l'un des objets ne le libère pas de la restitution par équivalent.

La question de la propriété des corps certains, — meubles ou immeubles, — ne se résout pas aussi facilement ; elle appelle une sous-distinction entre les objets estimés et les objets non estimés (1).

### Corps certains estimés.

Lorsque les corps certains apportés en dot ont été estimés, le mari en devient propriétaire ; l'estimation, suivant l'expression employée par les textes produit les effets d'une vente : *æstimatio facit venditionem* (2). On présume que les parties ont entendu transférer au mari la propriété irrévocable des objets estimés et le rendre débiteur de leur valeur. L'estimation a donc pour effet d'assimiler, à tous les points de vue, les corps certains aux choses fongibles : les uns comme les autres ne seront jamais restitués en nature, mais le mari, qui en supporte la perte ou détérioration de même qu'il bénéficie des événements qui en augmentent la valeur, restitue, le cas échéant, le montant de l'estimation (3).

Les autres conséquences de la règle *æstimatio facit venditionem*, si nombreuses et si importantes qu'elles soient, ne méritent ici qu'une simple mention, en raison du peu de lien qu'elles présentent avec notre sujet : il nous suffira donc d'indiquer que le mari, si la chose n'appartenait pas à la femme, en devient propriétaire par une usucapion accomplie au titre *pro*

(1) L. 42, D. *De jure dot.* (23, 3).
(2) L. 3, D. *Locat. conduct.* (19, 2).— L. 9, § 3, D. *Qui potior. in pign.* (20, 4.) — L. 10, pr. et § 5, D. *de jure dot.* (23, 3.)
(3) L. 10, pr. — L. 69, § 8. D. *de jure dot.* (23, 3.)

*emplore* et non au titre *pro dote* (1), et, qu'avant l'accomplisse-
ment de cette usucapion il peut, en cas d'éviction, exercer
contre la femme les actions inhérentes à la vente, c'est-à-dire
l'*actio ex empto* et la *conditio ex stipulata duplæ.* (2).

Toutefois, comme le mari, à la différence d'un véritable
acheteur, n'a pas entendu accomplir une œuvre de spéculation,
les textes ne lui accordent pas l'excédant de la valeur de la
chose sur le montant de l'estimation : *Sufficit*, dit Ulpien, *maritum indemnem præstari* (3).

Quant au droit de disposition du mari, on verra qu'à l'origine
il est absolu, même sur les corps certains non estimés ; cette
règle qui se trouve modifiée pour ces derniers, par la loi Julia (4), conserve nécessairement tout son empire en ce qui concerne les biens estimés : le mari n'ayant à restituer qu'une
somme d'argent déterminée et n'étant aucunement débiteur des
biens apportés en dot, peu importe à la femme qu'il les aliène :

La règle *æstimatio facit venditionem* repose, nous l'avons dit,
sur une interprétation de la volonté des parties. Une intention
contraire peut donc la détruire à condition que cette intention
ne soit pas douteuse. Les corps estimés sont alors assimilés, au
point de vue de la restitution, aux corps non estimés, et toutes
les règles que nous aurons à étudier relativement à ces derniers
s'appliquent aux premiers.

On peut se demander quelle est l'utilité de l'estimation, lorsqu'elle n'a pas pour but de rendre le mari propriétaire : elle sert
à accroître la responsabilité du mari ; en outre, elle évite des
contestations pour le cas où la chose serait venue à périr pendant le cours du mariage, — non pas par cas fortuit, puisque
le mari n'est chargé des risques qu'au cas où il est assimilé à

____

(1) L. 2, D. *pro dot.* 41, 9.
(2) *Fragm. vatic.*, § 105.
(3) L. 16, D. *de jur. dot.* 23, 3.
(4) Même avant cette loi, le mari encourait une certaine responsabilité en
vendant à des conditions désavantageuses le bien non estimé. (V. le chapitre
suivant).

l'acheteur, mais à la suite d'une faute qui lui aurait été imputable. La restitution porte alors sans aucun doute sur le montant de l'estimation et non pas sur la valeur de la chose au moment de sa destruction.

L'estimation, qu'elle transfère ou non la propriété, peut intervenir au cours du mariage. Les textes nous donnent divers exemples de pactes (1) et de stipulations (2) de ce genre ; leurs effets ne diffèrent aucunement des conventions que nous venons d'analyser.

En résumé, lorsque l'estimation, et c'est le cas habituel, est assimilée à une vente, la question des droits de la femme pendant le mariage se résout comme pour les choses fongibles, sans hésitation, par l'affirmation de la propriété du mari. Il en est autrement du cas où l'estimation n'a pas les effets d'une vente ; il faut alors appliquer les principes relatifs aux corps certains non estimés.

### Corps certains non estimés.

Nous rappelons que le droit de propriété du mari sur les meubles et les immeubles non estimés qu'apporte la femme n'est pas douteux tant qu'aucune obligation de restitution ne lui est imposée.

Lorsqu'au contraire cette restitution devient obligatoire, et surtout à partir de l'époque de Justinien, on se demande si cette solution ne devient pas inexacte, et si la femme ne garde pas la propriété des biens qu'elle a apportés.

Cette question a donné lieu à de graves controverses et à de nombreux systèmes quoiqu'on se contente généralement d'exposer les deux principales opinions, celle qui accorde la pro-

(1) L. L. 10, § 6, 11, 18 ; D. *de jur. dot*, 23, 3. — L. L. 50 et 66, § 3. D. *Solut. matrim*, 24, 3.
(2) C. 1. C. *Solut. matr.* (5, 18).

priété des biens dotaux au mari et celle qui la conserve à la
femme.

Il faut dire que les autres théories ne sont guère soutenables :
d'après l'une, la femme serait propriétaire de la dot, et le mari
du droit constitué sur cette dot (1) ; il est impossible de saisir
exactement le sens de cette proposition, qui paraît décomposer
la propriété ou plutôt en détacher les droits qu'elle confère à
son titulaire. Peut-être a-t-elle la même signification que celle
qui résume une autre théorie et accorde au mari la propriété
bonitaire et à la femme la propriété quiritaire (2). Rien, est-il
besoin de le dire ? n'est plus inexact. Le propriétaire quiritaire
n'a, vis-à-vis du propriétaire bonitaire, aucun droit sur la chose,
que ce dernier peut lui enlever par les moyens prétoriens. Or
est-il juste de dire que la femme n'a plus aucun droit sur sa
dot ? Ce serait évidemment une erreur, puisqu'elle en obtient la
restitution en nature dans des cas déterminés. Il faut ajouter que
cette distinction des deux propriétés n'a pas toujours existé et
que, sous Justinien, elle avait disparu depuis plusieurs siècles ;
or les règles de l'époque classique sur les droits des deux époux
relativement aux biens dotaux n'ont jamais été abrogées. Il est
impossible de les considérer comme des conséquences d'une
théorie à laquelle elles auraient survécu.

Deux opinions restent donc en présence : l'une (3), — qui a
prévalu et qui tend à n'être plus discutée, — reconnaît au
mari un droit de propriété sur tous les biens dotaux de la
femme ; l'autre, à laquelle Doneau a attaché son nom (4) et qui
est également admise par d'autres auteurs (5) ne lui accorde

(1) Opinion de Vulteius rapportée par Vinnius (*Comm.* Liv. II, tit. 8, § 2).
(2) Opinion de Perennot rapportée *loc. cit.*
(3) V. Notamment Hasse, *Die culpa* des römischen Rechts (1815) p. 567,
note 6.
(4) Doneau, *Comment. de jur. civil.*, 14. 4.
(5) Noodt. *Comment. ad Pandect.*, 23, 3.
Fontanella, *De pact. dotal.*, t. 2, tit. 3.
Perezius, *Prælecti in codice*, 5. 12, nᵒˢ 1 et 2.

qu'un droit de jouissance sur les corps certains et prétend que
la femme en reste propriétaire. Nous n'hésitons pas à adopter
le premier de ces deux systèmes, qui nous paraît seul d'accord
avec l'histoire, les principes et les textes.

Il est tout d'abord impossible de méconnaître que le droit du
mari sur les biens dotaux ne s'est trouvé restreint que peu à
peu et à la suite de modifications insensibles : propriétaire
définitif et irrévocable tout d'abord, il fut obligé de rendre une
portion de la dot, portion très faible sans doute au début et qui
resta longtemps indéterminée. On ne soutiendra certainement
pas que le mari fût, à cette époque de l'histoire romaine, un
simple usufruitier des biens dotaux ; ses droits pendant le
mariage restaient les mêmes et un nouveau transfert de propriété s'opérait au profit de la femme lorsqu'elle obtenait la
restitution d'une partie de sa dot.

En fut-il autrement après la création de l'action *rei uxoriæ* ?
C'est encore ce qu'il nous paraît difficile de prétendre ; cette
action n'eut d'autre but que de régulariser une pratique antérieure et d'en étendre les effets au profit de la femme. Mais,
loin de retirer au mari la propriété de la dot, elle lui laissait la
liberté d'aliéner les biens qui la composaient, et cette aliénation, fût-elle intempestive ou faite à des conditions désavantageuses, ne pouvait être critiquée par la femme dont le seul
droit était d'obtenir par l'action *rei uxoriæ* une indemnité du
mari.

La réforme dont on parle daterait donc de la loi Julia, l'inaliénabilité qui fut édictée alors aurait détruit le droit de propriété du mari. Mais ceci encore nous paraît inexact : les motifs
qui justifient l'inaliénabilité sont, nous le verrons, tout à fait
indépendants de la question de propriété. Un texte législatif
n'aurait pas été nécessaire pour empêcher le mari d'aliéner des
biens dont il n'aurait pas été propriétaire.

Aussi, est-ce par dérogation à la règle que tout propriétaire
peut disposer de son patrimoine, que l'aliénation est, au dire de

Gaïus (1), interdite au mari : il faut ajouter que l'inaliénabilité peut d'autant moins servir de motif, qu'elle n'est pas applicable aux meubles ; et pourtant les corps certains mobiliers sont, eux aussi, sujets à restitution en nature, et sont par suite, soumis aux mêmes règles en ce qui concerne leur propriété.

L'existence de l'usucapion *pro dote* prouve également le droit de propriété du mari. L'usucapion a pour but de rendre propriétaire celui qui a acquis un bien d'un *falsus dominus*. Elle suppose donc un acte ayant pour objet un transfert de propriété qu'il n'a pu réaliser. Il faut en conclure que, si l'objet appartient à la femme, le mari en devient immédiatement propriétaire.

On ne saurait objecter que l'usucapion *pro dote* (2) s'applique aux corps estimés, et ne prouve pas, en conséquence, la propriété du mari sur les corps non estimés. Nous avons d'avance répondu à cette proposition en montrant que pour les corps estimés, c'est au titre *pro emptore* que s'accomplit l'usucapion. Nous attachons donc beaucoup plus d'importance à l'existence de *l'usucapio pro dote*, qu'à d'autres arguments fournis par des textes où les *res dotales* désignent peut-être uniquement les choses fongibles ou les effets estimés (3).

Si nous avons écarté un grand nombre des arguments de texte que l'on cite généralement à l'appui de l'opinion que nous avons adoptée, ceux que nous avons conservés nous paraissent assez concluants pour ne laisser aucun doute sur son exactitude.

La doctrine contraire se fonde pourtant sur des considérations sérieuses et qui méritent d'être exposées et soigneusement discutées. Outre l'inaliénabilité, dont nous avons suffisamment parlé, on invoque la perpétuité qui est un des éléments essentiels

---

(1) *Comm.* 2, §§ 62 et 63.

(2) L. 7, § 3. D. *de jur. dot.* 23. 3. — L. 3, § 1. *de public.* 6. 2.

(3) L. 47, § 6. De *de pecul.* 15. 1. — L. 7, § 3. D. *de jur. dot.* 23, 3. — L. 21, D. *de manumis.* 40. 1. — L. 7. 2. *de serv. pign.* 7. 8.

de la propriété : or le mari, dit-on, s'il doit être considéré comme propriétaire, ne l'est, en tout cas, que jusqu'au moment de la restitution ; plutôt que de lui reconnaître, contrairement à tous les principes, une propriété temporaire, n'est on pas obligé de lui refuser toute espèce de propriété ?

C'est là un raisonnement faux. On peut très bien être propriétaire et être tenu de livrer la chose à un moment donné; c'est ainsi que celui qui est tenu de la *condictio indebiti* est cependant propriétaire de la chose qu'il doit restituer. L'obligation de restituer qui pèse sur le mari n'empêche pas son droit de propriété d'être perpétuel en ce sens qu'il ne s'éteindra pas par la seule dissolution du mariage et qu'il faudra que la femme exerce une action en qualité de créancière (1).

Nous verrons d'ailleurs que les larges pouvoirs du mari ne s'expliquent pas dans l'opinion que nous combattons et ne se justifient que par son droit de propriété. Il faut pourtant reconnaître que, s'il a droit à tous les fruits des biens dotaux, il est tenu de comprendre dans la restitution les autres produits, et notamment le trésor qu'il viendrait à découvrir. Mais c'est par une observation toute superficielle qu'on a pu en conclure que le mari n'est qu'usufruitier de la dot : on comprend qu'il soit tenu de restituer les produits non périodiques de la chose, puisqu'ils ne sont pas destinés comme les fruits, à subvenir aux charges du ménage.

Notre doctrine étant solidement établie, nous ne consacrerons que quelques lignes à réfuter les arguments de texte invoqués à l'appui de l'opinion contraire et dont le principal est la loi 63 au *Dig. de re judic.* (2) qui, au dire de nos adversaires,

______

(1) Le jour au contraire où la femme put exercer un droit de revendication la propriété du mari cessa en effet d'être perpétuelle, mais cette anomalie n'était pas de nature à embarrasser Justinien qui la créa (V. ce que nous disons plus loin (p. 24) de la loi 30 au Code *De Jure dotium*).

(2) D. 42. 1 « Scientibus sententia quæ inter alios data est, obest, cum quis de eâ re, cujus actio vel defensio primum sibi competit, sequenti agere patiatur : veluti si creditor experiri passus sit debitorem de proprietate pignoris ;

permet à la femme de revendiquer entre les mains des tiers, pendant le mariage, son immeuble dotal. Mais une lecture attentive de ce texte montre qu'il s'occupe uniquement, malgré les mots *actio* et *defensio* qu'il emploie, du cas où un tiers revendique l'immeuble possédé par la femme ; que ce tiers s'adresse à la femme et non pas au mari, cela n'a rien d'étonnant, car il peut supposer que l'immeuble fait partie des biens paraphernaux réservés par la femme. Si le jurisconsulte ajoute qu'il y aura chose jugée à l'égard du mari, c'est qu'il suppose explicitement que ce dernier connaît l'existence du procès ; on peut donc en conclure qu'en laissant la femme y défendre, il lui a donné implicitement mandat d'agir en son nom. Un autre texte montre d'ailleurs d'une manière indubitable que la femme n'a aucunement le droit de revendiquer l'immeuble dotal pendant le mariage et que ce droit appartient au mari (1).

Nous considérons comme décisif en notre faveur un autre texte que nos adversaires prétendent s'approprier (2). Ce fragment décide que le legs de la dot, fait par le mari à la femme, n'est pas sujet à la réduction imposée par la loi Falcidie, parce que la femme reçoit sa propre chose. « *Quia suam rem mulier recipere videtur* ». Si la femme reçoit sa propre chose, dit-on, c'est qu'elle en est propriétaire. Mais que signifie le mot *videtur* s'il n'indique pas une décision d'équité fondée sur la destination de la dot ? En outre, et cette observation ne souffre pas de réfutation, le legs de la chose du légataire est incontestablement nul (3) : reconnaître la validité du legs de la dot fait à la femme, c'est donc admettre implicitement qu'elle ne lui appartient pas.

Mais toutes ces raisons de texte sont peu importantes à côté

aut maritus uxorem de proprietate rei in dote acceptæ ; aut possessor venditorem de proprietate rei emptæ ».

(1) L. 9, C. *de rei vindic.* 3, 32.
(2) L. 81, § 1. D. *Ad. leg. Falc.* 35, 2.
(3) *Instit.* § 10, *de leg.* 2. 20.

de la fameuse formule de Tryphoninus, d'où l'on veut tirer le
droit de propriété de la femme  « *Quamvis in bonis mariti dos*
« *sit, mulieris tamen est* »  (1). Le jurisconsulte préparait ainsi
l'erreur des interprètes du moyen âge, qui, à côté de la propriété
civile du mari, admirent la propriété naturelle de la femme.
Les expressions dont il se sert sont certainement inexactes, et
ne suffisent pas à détruire nos arguments ; elles ne constituent
qu'une mauvaise raison donnée à l'appui d'une solution exacte
en elle-même. Il s'agissait en effet de savoir si la femme
pouvait intenter l'action *ex stipulatu duplæ* à la suite de l'acquisition d'un immeuble qu'elle avait apporté en dot et dont elle
était évincée. Tryphoninus accorde cette action, solution qui
n'est pas douteuse au cas où l'immeuble a été estimé (2), et qui
peut également s'appuyer sur d'excellents motifs dans l'hypothèse contraire : la femme a un intérêt éventuel à intenter cette
action, puisqu'elle recouvrera peut-être un jour le droit de propriété sur ses biens dotaux, et souffrira alors de l'éviction qui
se produit aujourd'hui. On peut même dire qu'elle y a un intérêt actuel car, les fruits de la dot devant servir à la satisfaction
des besoins du ménage, l'indemnité payée par le vendeur comme
conséquence de l'éviction rentrera dans les ressources communes. C'est pour justifier cet intérêt d'agir que Tryphoninus dit
« mulieris tamen est ». La seule chose qui puisse paraître singulière, c'est que le jurisconsulte accorde cette action à la femme
et non pas au mari, lequel peut seul, comme nous le verrons,
exercer les actions dotales. Mais ceci encore s'explique et il ne
faut voir là qu'une solution d'équité, destinée à remédier à
l'inaction ou à la négligence du mari : on sait que les actions
dérivant d'un contrat ne peuvent être intentées que par les
personnes qui y ont figuré ou par leurs ayants cause à titre
universel. Or, le mari n'étant que l'acquéreur particulier des

(1) L. 75. *D. de jur. dot.*, 23, 3.
(2) Le mari ayant l'action *ex empto.* contre la femme, celle-ci doit avoir le
droit de recourir contre son vendeur.

biens apportés en dot, l'action *ex stipulatu*, si elle n'était pas
accordée à la femme, ne pourrait être intentée par personne.

Ainsi, dans le droit des jurisconsultes, le mari est seul propriétaire de la dot ; il nous reste à voir si Justinien, dans la fameuse
constitution qu'il rendit en 529 et qui forme la loi 30 au Code,
*de Jure dotium* (V, XII), n'a point innové et bouleversé complètement tous ces principes, en reconnaissant à la femme un véritable droit de propriété sur sa dot. Peu de textes du Droit
romain ont donné lieu à autant de discussions que cette constitution qui avait certainement pour but général de rendre
plus efficace la protection accordée à la femme : les garanties
qui résultaient de la loi Julia et que nous étudierons plus loin,
et celles du *privilegium inter personales actiones* auquel nous
avons fait une simple allusion au début, étaient en effet insuf-
fisantes dans un grand nombre de cas.

Nous ne pouvons nous dispenser de reproduire ce texte :

« In rebus dotalibus, sive mobilibus sive immobilibus, seu se
» moventibus, si tamen extant, sive æstimatæ, sive inestima-
» tæ sint, mulierem in his vindicandis omnem habere post dis-
» solutum matrimonium prærogativam jubemus, et neminem
» creditorum mariti qui anteriores sunt posse sibi potiorem cau-
» sam in his per hypothecam vindicare, quum eædem res ab ini-
.» tio uxoris fuerint et naturaliter in ejus permanserint dominio.
» Non enim quod legum subtilitate transitus earum in patrimo-
» nium mariti videatur fieri, ideo rei veritas deleta vel confusa
» est. Volumus itaque eam in rem actionem in hujus modi rebus
» quasi propriis habere et hypothecariam omnibus anteriorem
» possidere ; ut, sive ex naturali jure ejusdem mulieris resesse
» intelligantur, sive secumdum legum subtilitatem ad mariti
» substantiam pervenisse videantur, per utramque viam, sive
» in rem, sive hypothecariam, ei plenissimè consulatur. »

La traduction littérale de ce texte peut être donnée de la
manière suivante :

« Nous décidons que la femme, aura, après la dissolution du

mariage, une action privilégiée pour revendiquer les objets apportés par elle en dot, qu'ils consistent en meubles ou immeubles ou objets animés, si toutefois ils existent encore ; qu'ils aient été estimés ou non : aucun des créanciers antérieurs du mari ne lui sera préféré au moyen de son hypothèque, parce que ces choses ont appartenu originairement à la femme et n'ont pas cessé naturellement de lui appartenir. Si en effet, par la subtilité du droit, elles semblent avoir passé dans le patrimoine du mari, la réalité n'a pas été pour cela altérée ni obscurcie. C'est pourquoi nous voulons qu'elle ait une action *in rem* pour ces choses comme étant siennes. » Doneau (1) a pensé que la création d'une action *in rem* contenait la reconnaissance du droit de propriété de la femme sur les choses dotales non estimées. Il soutient l'existence de ce droit, nous l'avons vu, même indépendamment de la Constitution de Justinien. D'abord nous ne pouvons admettre que le texte autorise une distinction entre les choses estimées et celles qui ne l'ont pas été. Puis ce se·rait supposer que Justinien s'est inscrit en faux contre les textes les plus formels du *Code*, du *Digeste* et des *Institutes* que d'attacher la valeur d'un bouleversement aux expressions de cette constitution. Or le *Digeste* a été promulgué en 533, il serait bizarre que Justinien après son innovation eût conservé les nombreux textes où il est question du droit de propriété du mari ; les *Institutes* ont été promulguées aussi en 533 et de plus elles constituent un ouvrage destiné aux étudiants ; il aurait été absurde d'enseigner à ceux-ci dans le *principium* du titre 8 du second livre, que le mari ne peut aliéner le fonds dotal *quamvis ipsius sit*. Du reste, même en accordant à la femme une certaine action en revendication que nous aurons à préciser plus tard, Justinien dit qu'il l'accorde « in hujusmodi rebus quasi propriis, » reconnaissant toujours qu'elle n'est pas propriétaire (2).

(1) *De jur. civ.* (l. XIX C. IV, § 10.)
(2) Gide, *du caractère de la dot*. L'éminent auteur indique, selon nous, la véritable portée de l'innovation de Justinien (Voy. notre chapitre de l'aliénation des biens dotaux, section II).

Nous ne prétendons nullement justifier ce qu'il y a d'étrange au point de vue juridique à ce que la femme non propriétaire, mais toujours comme autrefois simplement créancière de sa dot, exerce un droit de revendication contre le mari véritable propriétaire de la chose revendiquée.

Contrairement aux principes élémentaires du droit de propriété, il faut admettre que le mari perdant de plein droit la propriété des biens dotaux par l'effet de la dissolution du mariage, n'a été que propriétaire *ad tempus*. Malheureusement de pareilles contradictions rentraient parfaitement dans les vues de Justinien et de son époque.

Il eut fallu abandonner tout à fait les anciennes règles, mais nous devons reconnaître que la loi 30 ne l'a pas fait ; nous reviendrons plus loin sur ce texte : il nous suffirait d'établir dans ce chapitre qu'il a laissé la propriété de la dot pendant le mariage au mari.

# CHAPITRE II

## DE L'ADMINISTRATION DE LA DOT.

### § I. — Responsabilité du mari.

Si le mari reste propriétaire de la dot même après l'introduction de l'action *rei uxoriæ*, celle-ci n'en a pas moins apporté
une restriction considérable à ses pouvoirs d'administrateur,
en créant sa responsabilité.

La femme en effet, à l'aide de cette action qui est de bonne
foi (1) va pouvoir obtenir la réparation du préjudice qui lui aura
été causé par des actes de mauvaise gestion. Nous mettons naturellement à part les biens dont l'estimation a entraîné un transfert de propriété.

Or, le mari doit demander le remboursement des créances
dotales exigibles et réclamer les intérêts, faire les dépenses
nécessaires, et même parfois celles qui sont utiles, notamment
combler avec le croît les vides qui se forment dans les trou-
peaux ; en un mot accomplir tous les actes que comporte une
bonne administration. Sa responsabilité en matière de dépenses

(1) Cette opinion a été contestée ; on alléguait surtout en faveur de la doctrine contraire un passage où Gaïus (*Comm.* 4, § 62) énumère les actions de
bonne foi sans y comprendre l'action *rei uxoriæ*. Mais la dernière révision du
manuscrit de Vérone, faite en 1883, montre que notre action figure dans la
liste dressée par le jurisconsulte. — V. aussi : L. 21. D. *Solut. matrim.*, 24, 3.

nous est particulièrement connue, grâce à Ulpien, qui dans ses *Règles* nous donne à propos des *retentiones*, la théorie des impenses, lesquelles figurent pour partie parmi les causes de *retentio*.

Les impenses peuvent être nécessaires, utiles ou voluptuaires. Celles-ci sont celles « *quibus neque omissis deterior dos fieret, neque factis fructiosor effecta est* (1) ». Evidemment le mari en ne les faisant pas, n'encoure aucune responsabilité.

Les dépenses nécessaires sont celles qui ont empêché la diminution de valeur ou la destruction totale de la dot (2). Parmi celles-ci, les unes, n'ayant d'utilité que pour l'année présente ou pour un temps très court, se compensent avec les fruits comme nous le verrons plus loin ; au contraire, celles dont l'utilité doit rejaillir à perpétuité ou pour longtemps sur le fonds, sont les véritables dépenses nécessaires « *necessariis impensis imputandum* (3) ». La responsabilité du mari comme administrateur, se trouve engagée en ce qui concerne ces dernières. Paul nous dit : « *Judex tanti maritum damnabit quanti mulieris interfuerit eas impensas fieri* » (4). Il y a donc une différence importante entre le mari et le possesseur de bonne foi défendeur à la revendication ou à la pétition d'hérédité. Celui-ci s'étant cru le véritable propriétaire n'est pas condamnable à des dommages-intérêts pour avoir négligé de faire des dépenses nécessaires. Le mari au contraire n'ignorant point qu'il peut d'un moment à l'autre être tenu de rendre la dot, doit agir en sage administrateur et par conséquent faire les dépenses nécessaires à la conservation du fonds dotal.

Quant aux impenses utiles le mari en les faisant, augmente la valeur du fonds, mais s'il ne les a point faites, le fonds n'en a pas péri et n'en a pas diminué de valeur. « *Utiles sunt quibus non factis quidem deterior dos non fieret, factis autem fructuo-*

_______

(1) Reg., VI, § 17.
(2) *Loc. cit.*, § 15.
(3) L. 3, § 1er. D. *De impens. in res dot. fact.*
(4) L. 4. D. *De impens in res dot. fact.*

*sior effecta est, veluti si vineta et oliveta fecerit* (1) ». Si le mari
n'augmente pas la valeur du fonds par des dépenses utiles, il
n'encoure pas à première vue de responsabilité. Il rend à la
femme son bien dotal tel qu'il l'a reçu et il n'y pas eu *res male
gesta*. Cependant, même en ce qui concerne l'omission des dépenses utiles, il se pourra que la femme ait le droit de se plain-
dre : il faudra pour cela qu'elle puisse invoquer les règles suivantes relatives aux fautes du mari.

Le mari doit non seulement, comme tout débiteur, répondre
de sa faute lourde et de son dol, mais encore apporter une
diligence égale à celle qu'il eût apportée à ses propres choses,
*quia causa sua dotem accipit* (2).

Mais, par une exception qui ne se rencontre que dans très
peu d'hypothèses, le mari n'est tenu que de sa faute légère
appréciée *in concreto* (3) ; on ne le compare pas, en d'autres
termes, à un père de famille irréprochable, mais on se contente
d'examiner la diligence dont il fait preuve dans ses propres
affaires ; cette décision est fondée sans doute sur une interprétation de la volonté des parties ; on aura pensé que la femme
ne pouvait s'attendre à une attention supérieure à celle que le
mari apportait à ses propres affaires. Peut-être aussi se fonde-
t-on sur la nature des relations entre les époux qui sont comme
des associés (4).

Cependant, lorsque la dot porte sur des biens estimés, mais
qui sont restés la propriété de la femme, la responsabilité du
mari s'apprécie *in abstracto*. L'estimation indique chez le cons-

(1) Ulp. Reg. VI § 16.

(2) Ulpien nous apprend (l. 6. D. *De pact. dot.* 23, 4) que toute convention
ayant pour but d'affranchir le mari de cette responsabilité serait non avenue.

(3) L. 17 pr. D. *de jur. dot.* 23. 3. Voy. cep. la loi 23, D. *de regul. jur.* 50,
17 qui parait mettre sur la même ligne la *datio dotis*, le mandat, le commo-
dat, la vente etc... d'où on serait tenté de conclure que le mari est tenu de la
*culpa levis in abstracto.*

(4) Sans doute, dit M. Pellat, il n'y a pas entre les époux société formelle.....
mais..... la femme se confie au mari comme à un associé, dans un intérêt
pécuniaire commun (*Textes sur la dot*).

tituant l'intention de faire réparer par le mari le dommage causé par sa négligence, et par suite de lui imposer la diligence du père de famille idéal. Une autre règle spéciale à cette hypothèse est relative au montant de la somme que le mari doit restituer comme sanction de sa responsabilité. Nous nous contenterons de signaler cette solution, qui ne rentre pas directement dans notre sujet : le mari, en cas d'estimation *taxationis causâ*, restitue, lorsque la chose périt par sa faute, la valeur de cette estimation ; s'il s'agissait au contraire, d'une chose non estimée, il en payerait le prix au moment de la perte.

Telles sont les obligations du mari, administrateur pendant le mariage. Le mari, quand il est tenu de rendre la dot, peut presque être considéré comme un usufruitier *cum liberâ administratione* ; encore nous faut-il préciser ses droits dans la perception des fruits.

Nous avons déjà dit que les choses qui, sans être des produits périodiques, émanent de l'objet apporté en dot, doivent, — à part bien entendu l'hypothèse où le mari a acquis un droit de propriété définitif sur cet objet, — être restituées lors de la dissolution du mariage. Il en est autrement des fruits qu'il perçoit pour les consacrer aux besoins du ménage (1) jusqu'à la dissolution du mariage. Sa situation, à ce point de vue spécial, diffère grandement de celle de l'usufruitier véritable. L'usufruitier notamment, a droit uniquement quant aux fruits naturels à ceux qu'il perçoit, mais il devient propriétaire de tous ceux qu'il perçoit : si donc une récolte vient à maturité le lendemain même de la constitution d'usufruit, le nu-propriétaire ne pourra en réclamer aucune portion ; réciproquement, si, le lendemain de l'extinction de l'usufruit, le nu-propriétaire perçoit une récolte, il n'en doit aucun compte à l'usufruitier.

La destination de la dot conduisit le Droit romain à appliquer au mari une solution toute différente : les fruits devant

_______________

(1) L. 10, §§ 2 et 3. L. 39, pr... L. 65. L. 69, § 9. D. *de jur. dot.*, 23,3.

servir à l'entretien du ménage y sont affectés en proportion de
la durée de l'union. Il arrive donc presque toujours ou que le
mari a droit à une portion des récoltes qu'il n'a pas perçues ou
qu'au contraire il est tenu de comprendre, dans la restitution
qu'il fait lors de la dissolution du mariage, une partie de récolte proportionnelle à la fraction d'année qui restait à courir (1).

Une seconde différence est à signaler : les fruits sont acquis
au mari par la seule séparation de la chose qui les a produits,
tandis que l'usufruitier n'y a droit que s'il les perçoit lui-même
ou par l'intermédiaire d'un tiers agissant en son nom. De là une
importante conséquence au point de vue de la *condictio furtiva*,
en cas de vol des fruits séparés de la chose.

Notons en outre que les fruits de la dot ont une destination
spéciale. La femme peut exiger qu'ils soient affectés à leur véritable destination et employés notamment à sa propre nourri-
ture (2); on peut même convenir que les fruits seront capitalisés
(*in dotem converti*) et restitués à la fin du mariage comme portion intégrante de la dot (3). Mais, pour que cette convention
soit valable, la femme doit se charger expressément de pourvoir
à ses propres dépenses.

Enfin le mari ne perçoit la première récolte faite pendant le
mariage qu'en restituant les frais faits par la femme et afférents
à la partie de récolte qu'il perçoit ; réciproquement il se fait
rembourser les frais de la dernière récolte proportionnellement
à la part que la femme percevra (4).

Nous avons ainsi vu les droits et obligations du mari, relativement à l'administration et à la jouissance. — La destination
de la dot subsistant pendant toute la durée du mariage (*dotis
causa perpetua est*) le mari ne peut être obligé à la restitution

(1) L. 7, §1, D. *Solut. matr.* (24, 3).
(2) L. 75. D. *De jur. dot.* 23, 4.
(3) L. 4, D. *De pact dot.* 23. 4.
(4) L. 7, pr. D. *Solut. matrim.* 24. 3.

tant que le mariage persiste. D'un autre côté, on arriva à formuler ce deuxième principe que le mari ne *pourrait pas* restituer la dot durant le mariage.

A quel motif faut-il attribuer cette interdiction ? C'est là une question vivement controversée, surtout dans la science allemande. Hasse et Glück (1) l'attribuent à la prohibition des donations entre époux. Francke (2) et de Vangerow (3) la rattachent au principe qui interdit aux époux toute convention par laquelle, une fois le mariage contracté, ils voudraient changer la destination de la dot. C'est ce système qui nous parait le plus juste et nous préciserons notre pensée en disant que le législateur a voulu par cette prohibition conserver aux femmes leurs dots *propter quas nubere possint, et liberos procreare reipublicæ*; nous n'hésitons donc pas à considérer cette défense comme introduite par une des lois Julia. On admet en effet généralement que les principales exceptions qu'elle reçoit ont été introduites par une de ces lois, qui tendaient à conserver la dot à la femme; il n'y a pas de raison pour que la défense ait été plus ancienne que les exceptions.

Quant à la confusion entre cette défense et la prohibition des donations elle ne se justifie que par une ressemblance : le mari peut répéter la dot qu'il a restituée prématurément comme il pourrait répéter la donation qu'il aurait faite. A part ce point de contact les deux prohibitions ont des causes bien différentes : la prohibition des donations a eu pour but d'assurer à chaque époux son patrimoine contre sa propre faiblesse envers son conjoint (4).

Cette dissemblance explique la différence existant entre les deux prohibitions au point de vue des effets.

Le mari qui se fait rendre la dot se fait en même temps res-

---

(1) Glück *Pandekt*, tom. 27, p. 233. *Zeit der zuruckgabe des Heirathsguts.*
(2) Système exposé par M. Pellat, *Textes sur la dot.*
(3) De Vangerow. *Leit faden*, tom. 1, p. 320.
(4) L. 1. D. *De donat. inter vir. et ux.* (24,1).

tituer les fruits qu'elle a produits depuis le jour de la restitution, car la destination de la dot ne peut être changée durant
le mariage. Au contraire il ne répèterait pas les revenus d'un
fonds ou d'une somme qu'il aurait donnés à sa femme : la répétition de la chose même suffirait à atteindre le but de la prohibition de donation (1).

En second lieu, la simple intention de faire jouir le créancier
des avantages d'un paiement anticipé ne constitue pas entre
époux une donation, et par suite n'est pas prohibée. Tandis que
la restitution anticipée de la dot est interdite, puisque pour la
répétition, on ne se préoccupe pas de savoir si la dot restera ou
non au mari à la dissolution du mariage : on ne distingue
pas.

Enfin, tandis que le donateur seul peut attaquer la donation
indûment faite, la défense de restituer établie dans l'intérêt de
la femme fait qu'à la dissolution du mariage la femme peut,
invoquant la nullité, réclamer encore la dot si elle l'a dissipée (2) : *marito non est permissum, non recte solvit*, telles sont
les expressions que nous rencontrons.


### § II. — De la restitution anticipée.


La double raison pour laquelle le mari 1° n'est pas tenu de
restituer la dot durant le mariage ; et 2° ne le peut même pas,
c'est d'une part d'assurer à la dot, sa destination pendant le mariage, et d'autre part de ne pas laisser la femme compromettre
la fortune qui lui sera plus tard nécessaire.

Il résulte de ces motifs que les deux règles souffrent des
exceptions.

La première n'en admet qu'une : dans le cas où le mari de-

(1) C. 8. C. *De donat inter vir et ux*, (5,16). C. 20. C. *De jure dot* (5,12).
L. 15. § 1. L. 31. § 6 L. 17. D. *De donat. inter vir. et uxor.* (24,1).
(2) L. 27, § 1. *De religiosis* D. (11,7).

venant insolvable, la dot serait mise en péril, (1) il est nécessaire pour la sauver, que la femme puisse en demander la restitution pendant le mariage. Pour cela on recourait autrefois à une fiction : on supposait qu'un divorce était intervenu et on accordait à la femme l'action qu'elle aurait eue à la dissolution du mariage. Justinien, qui nous fait connaître l'usage de cette fiction, la supprima. (2)

La seconde maxime souffre plusieurs exceptions que contiennent la loi 20 D. *Solut. matr.* (24, 3) et la loi 73, § 1, D. *De jure dot.* (23, 3). Il est en effet utile pour les époux dans plusieurs cas de régler leurs intérêts, mais il faut que la femme soit sensée et économe. Voici les cas prévus :

1° *Ut se suosque alat.*

2° *Ut æs alienum solvat.* Pour cela il faut réellement l'exis tence de dettes, et le mari ne restitue que ce qu'il faut pour les payer.

3° *Ut prædia idonea emat.*

Les Romains considèrent, avec beaucoup de raison selon nous, l'achat de fonds comme la manière la plus sûre de placer son argent. La femme peut donc avoir intérêt à se faire restituer sa dot pour acheter soit une terre, soit une maison ; et nous sommes tenté de croire qu'il lui suffit de prouver cet intérêt par des considérations générales. Selon Hasse au contraire il s'agirait d'un fonds propre à servir de garantie, de sûreté. Glück admet une plus large application de notre exception, mais il exige que la femme donne en dot au mari le fonds acheté de l'argent dotal. Mais alors il n'y aurait qu'une *permutatio dotis* et non une exception à la prohibition pendant le mariage.

4° *Ut in exilium, ut in insulam relegato parenti pexstat alimonia.*

5° *Ut egentem virum, fratrem, sororemve sustineat, vel ut parentes ex hostibus redimat* (loi 73); et (loi 20) « *ut tiberis ex alio viro*

(1) L. 24, pr. D. *Sol. matr.* (24. 3.)
(2) L. 30. C. *De jure dot.* (23. 3)

*egentibus consulat* ». — En un mot, pour soutenir ou rache-
ter de captivité des personnes qui lui tiennent de près. Mais
quel est cet *egens vir* que cite la loi 73 ?. Selon M. Francke
ce serait le mari actuel, et il faudrait supposer que ce n'est pas
lui qui rend la dot, mais son père sous la puissance duquel il
est placé : celui-ci veut se débarrasser de l'administration, mais
il n'a pas confiance en son fils et restitue la dot à sa bru, qui
se charge de pourvoir elle-même au besoin du mari. Quelque
ingénieuse que soit cette explication adoptée à peu près par
Glück, nous préférons admettre la correction proposée par
M. Pellat. D'après cet auteur, Paul a dû écrire dans la loi 73
» egentem ex alio viro filium » comme il a écrit dans la loi 20
» liberis ex alio viro egentibus ». Cela revient à supprimer
dans l'énumération que nous venons de donner cet *egens vir*,
ce mari dans le besoin auquel la femme porterait secours (1).

Le mari, après avoir restitué la dot dans ces cas, cesse d'être
responsable. Mais, quand les circonstances viennent à rendre
inutile la restitution anticipée de la dot, il peut, pensons-nous,
la redemander ; il y a eu en effet *datio ob causam*, et, si le but
déterminé de la restitution ne peut plus être poursuivi, il faut
accorder une *condictio ob rem dati, re non secutâ*.

(1) D'après Hasse il s'agirait d'un premier mari divorcé ; la femme separée
de lui *bonâ gratiâ* aurait été portée à le secourir. Il nous semble impossible
de faire subsister ce lien d'affection, cette sorte de dette alimentaire après la
séparation *bonâ gratiâ*.

# CHAPITRE III



## DE L'ALIÉNATION DES BIENS DOTAUX.

Malgré les obligations qui viennent d'être indiquées, le mari restant seul propriétaire des biens apportés en dot aurait pu les aliéner ou les dissiper. Et s'il avait conservé ces pouvoirs de maître après l'introduction de l'action *rei uxoriæ*, la femme aurait trouvé bien peu de sécurité dans sa créance.

Obligée en cas d'insolvabilité du mari de venir par contribution avec les créanciers de ce dernier, elle n'avait qu'une faible espérance de recouvrer sa dot en cas de mauvaises affaires du mari.

D'un autre côté l'épouse confiante pouvait se laisser entraîner à se porter caution ou garante des opérations de son mari, alors que celui-ci agissait sans prudence.

C'est en vue de ce double danger qui menaçait la conservation de la dot que s'introduisirent dès la fin de la République des principes nouveaux formulés dans la loi Julia *de adulteriis* et dans le sénatus-consulte Velléien. Auguste parvenu à l'empire essayait de refaire la vieille société romaine par des réformes tellement multipliées que, suivant l'énergique expression de Tacite, elle était tourmentée par les lois, comme elle l'avait été par les crimes (1). C'est pour approprier la législation nationale

(1) *Utque antehac flagitiis, ita nunc legibus laborabatur.* Annal. III, 25.

aux exigences des mœurs nouvelles qu'il fit rendre en 736 la loi Julia *de maritandis ordinibus* et en 762 la loi Pappia Poppœa « Incitandis cœlibum pœnis et augendo œrario » (1).

Nous n'avons pas à examiner les efforts qui furent tentés par cette nouvelle législation pour favoriser et régulariser les mariages, ni les peines qu'elle édictait contre les célibataires. L'inaliénabilité qui va nous occuper fut introduite en vue de la conservation de la dot par une loi que l'on nomme loi *de fundo dotali* et qui n'est qu'un chef de la loi Julia *de adulteriis*.

L'esprit général de la loi Julia *de adulteriis* consistait à pousser au mariage les hommes et les femmes ; pour cela elle frappait de peines sévères les femmes adultères ; en second lieu elle défendait au mari d'aliéner sans le consentement de sa femme le fonds dotal italique (2). M. Demangeat dit très bien : « d'une part, l'homme contractera plus volontiers une union dont la femme ne sera plus maîtresse de se faire un jeu, d'autre part, la femme qui peut-être ne trouverait pas de mari, si elle n'apportait pas une dot, ne sera point détournée du mariage par la nécessité de confier au mari tout ou partie de ses biens, lorsqu'elle aura la certitude que du moins les immeubles ainsi confiés ne pourront pas être transmis à des tiers si elle-même n'y consent ».

L'inaliénabilité nous paraît donc introduite comme un moyen de garantir que la dot sera restituée à la dissolution du mariage, pour que la femme puisse se remarier. Une interprétation différente a été soutenue par Hugo et par beaucoup d'auteurs : l'inaliénabilité serait une garantie qu'en cas d'adultère de la femme l'*accusatio adulterii* ne pourra être paralysée dans les mains du mari par des fins de non recevoir tirées par la femme de ce qu'elle n'a pas reçu sa dot. Nous répondrons que

(1) Tacite, *loc. cit.*

(2) Au temps de Gaïus ce point faisait question, *quod quidem jus utrum ad italica tantum prædia an etiam ad provincialia pertineat dubitatur.*(G. II, 63). Mais voy. L. *unic.* C. *de rei uxor. act*, § 15. et *Instit.* II, VIII.

si l'inaliénabilité avait eu ce but, on n'aurait pas permis à la
femme de la détruire par son consentement ; on en aurait fait
une indisponibilité absolue tandis qu'on a voulu seulement —
avant Justinien — établir une indisponibilité relative au mari.
Justinien, comme nous le verrons, changea le caractère de l'i-
naliénabilité.

L'inaliénabilité soulève trois ordres de questions : quels sont
les actes interdits aux époux ? quels sont les biens frappés d'i-
naliénabilité ? quelle est la sanction de l'inaliénabilité ?

## Section I. — Des actes interdits

### 1° *Loi Julia.*

Le seul acte interdit originairement est l'aliénation, c'est-à-
dire le transfert de la propriété de l'immeuble, de quelque manière qu'il s'opère. « *Est autem alienatio omnis actus per quem
dominum transfertur* ». Peu importe donc que la mutation ait
lieu à titre gratuit ou à titre onéreux ; elle est, dans tous les
cas, prohibée (1).

Il en est ainsi non seulement de l'aliénation de la propriété,
mais de la création d'un droit réel quelconque qui viendrait
démembrer la propriété de l'immeuble dotal ; le mari, par
exemple, ne peut constituer sur le fonds apporté en dot, ni servitude, ni usufruit, ni emphythéose, ni droit de superficie (2) ;
il ne peut davantage augmenter l'étendue des servitudes actuellement existantes (3). Enfin il lui est également interdit de lais-

(1) Demangeat, Condit. *du fonds dotal* (p. 61).
(2) L. 32. D. *de jur. dot.* 23, 3.
(3) L. 5. D. *de fund. dot.* 23, 5.

ser s'éteindre, en s'abstenant d'en user, la servitude dont le fonds dotal jouit sur un fonds voisin (1).

Ce ne serait là, il est vrai, qu'une sorte de prescription, une extinction par le laps de temps du droit réel attaché à l'immeuble dotal. Mais l'inaliénabilité a logiquement amené l'imprescriptibilité. La protection accordée à la femme n'aurait pas été complète si le mari avait pu indirectement aliéner les biens dotaux en les laissant prescrire (2).

Aussi l'imprescriptibilité est-elle aussi large que l'inaliénabilité elle-même ; elle empêche les tiers de prescrire soit la propriété de l'immeuble dotal, soit tout droit réel dotal appartenant à la femme ; elle s'oppose aussi bien à l'*usucapio* qu'à la *præscriptio longi temporis* du droit prétorien et à l'acquisition d'un droit qu'à l'extinction d'une charge ; en un mot, la dot ne peut être diminuée par un acte émanant du mari ou toléré par lui. Pourtant il est certain que la prescription commencée avant le mariage continue pendant sa durée (3). Cette solution dérive sans doute de cette règle de Droit romain que la possession commencée de bonne foi et avec juste titre conduit à la prescription, si elle n'est pas interrompue *par un fait matériel* entraînant la perte, et que notamment la mauvaise foi survenant n'empêche pas l'usucapion de s'accomplir (4).

L'inaliénabilité et l'imprescriptibilité ont la même durée, comme elles ont le même fondement : elles commencent à la constitution de la dot et finissent lors de sa restitution : c'est, en effet, au moment où le mari devient propriétaire que la loi doit mettre la femme en garde contre les abus qu'il peut commettre ; et ces abus ne sont plus possibles, aussitôt que la femme a re-

______

(1) L. 28 pr. D. *de verbor. significat.* 50, 16.

(2) Paul nous dit : « il serait difficile de ne pas considérer comme aliénateur celui qui laisse usucaper ». L. 28 pr. *de verbor. significat.* 50, 16.

(3) L. 16 *de fund. dotal.* 23, 5. Cette décision de Tryphoninus a été reproduite par l'article 1561 C. civ.

(4) Voy. M. Demangeat sur la loi 16, *de fundo dotali.*

couvré la propriété de sa dot (1). Par exception, dans le cas où,
à cause de la misère dans laquelle se trouve le mari, le Droit
romain autorise la restitution de la dot avant la dissolution du
mariage, ni l'aliénabilité, ni l'imprescriptibilité ne disparaissent (2).

La règle de l'inaliénabilité comporte plusieurs exceptions,
généralement peu importantes et dérivant de la nature même
des choses ; mais sous la loi Julia, il en est une capitale et qui
pourrait aboutir en fait à la destruction même de la protection
accordée à la femme, si elle persistait.

En premier lieu, (3) lorsqu'au fonds dotal est attachée une
servitude sur un fonds voisin dont le mari est ou devient propriétaire, cette servitude s'éteint de plein droit par confusion.
Il ne pourrait en être autrement, puisque, ainsi que nous l'a-
vons démontré, le mari est propriétaire pendant toute la durée
du mariage, de l'immeuble apporté en dot par la femme. Or,
l'une des conditions essentielles à l'existence de la servitude est
que les deux fonds n'appartiennent pas au même propriétaire.
La servitude devra, il est vrai, être rétablie au moment de la
restitution de la dot ; mais une nouvelle convention sera nécessaire à cet effet, et il semble qu'elle serait impossible dans le
cas où le mari aurait revendu le fonds servant à un tiers ; le
nouveau propriétaire de cet immeuble ne pourra sans son consentement, être tenu d'exécuter une charge imprévue au profit
de l'immeuble dotal. La seule ressource de la femme dans ce
cas serait d'obtenir du mari une indemnité par l'action *rei uxoriæ*.

A côté de cette exception, on en cite souvent une autre, relative aux servitudes personnelles. Il est certain que les règles
de l'inaliénabilité ne s'appliquent pas à ces sortes de droits, et
que notamment le mari peut, soit renoncer à l'usufruit dotal

(1) L. et 12 pr. *de fund, dotal.* 23, 5. L. 5 C. *de bon. quæ lib.*6, 61.
(2) L. 29. C. *de jur. dot.* 5. 12.
(3) L. 7, pr. et § 1. *de fund. dotal.* 23, 5.

de la chose d'autrui, soit l'aliéner, soit enfin le laisser périr *non utendo*. (1). Mais est-ce bien là une exception ? nous ne le croyons pas. Ce que la loi Julia veut protéger, c'est uniquement le fonds dotal, *prædium dotale*, c'est-à-dire l'immeuble sur lequel la femme aura à prétendre un droit de propriété. Cette exclusion est certainement injuste, mais elle s'impose en raison du caractère restrictif et exceptionnel de l'inaliénabilité.

Une seconde exception concerne l'hypothèse où l'aliénation a une cause nécessaire. Qu'on suppose une dot portant sur la portion indivise de la femme dans un immeuble : le mari, sans doute, ne peut pas provoquer le partage ; mais il n'a pas, en revanche, la faculté de s'opposer à la demande émanant de l'un des copropriétaires. Si donc celui-ci devient propriétaire par l'effet du partage, il aura fait l'acquisition de l'immeuble dotal ; même solution si, à la suite de cette demande en partage, l'immeuble est licité au profit d'un tiers (2).

C'est également une aliénation nécessaire, que celle qui s'opère au profit du voisin qui a en vain demandé une *cautio damni infecti* au mari, lorsque le fonds dotal menaçait ruine. Le voisin usucape le bien dotal dès son entrée en possession par décret du magistrat (3). La responsabilité du mari est d'ailleurs, dans cette hypothèse, gravement engagée, puisqu'il ne dépendait que de lui d'éviter cette aliénation.

Nous devons ajouter que la loi Julia ne s'applique pas aux transmissions *per universitatem* du patrimoine du mari. Si ce dernier décédé subit une *capitis minutio*, ou se donne en adrogation, son patrimoine tout entier se fond dans celui de son successeur, dans les biens du fisc, ou dans ceux de l'adrogeant. Mais l'inaliénabilité n'en subsiste pas moins et la femme peut, lors de la dissolution du mariage, exercer contre le propriétaire actuel de sa dot les droits qu'elle aurait, si ces événe-

(1) L. 78, § 2. D. *de servit. præd. urban.* 8, 2.
(2) L. 2. C. *de fund. dotal*, 5, 23. L. 78, § 4. D. *de jur. dot.* 23, 3.
(3) L. 1, pr. D. *de fund. dot.* 23, 5.

ments ne s'étaient pas produits, exercés contre le mari lui-même (1).

Nous arrivons à l'importante exception que nous avons signalée, celle qui est relative au consentement de la femme.

L'inaliénabilité dotale sous la loi Julia, n'a d'autre but que de protéger la femme contre des actes arbitraires du mari. Elle doit disparaître lorsque la femme consent à l'aliénation opérée par le mari, reconnaissant ainsi que la restitution de sa dot n'est pas en danger. Le consentement de la femme valide la restitution même lorsqu'elle est *in patria potestate* ; d'un autre côté, le consentement de son père ne peut suppléer au sien, de même que l'opposition de celui-ci n'a aucun résultat (2).

2º *De la défense d'hypothéquer. Influence du<br>sénatus-consulte Velléien.*

Il eût été illogique de permettre au mari d'affecter le fonds dotal à son créancier, avec droit pour ce dernier de le vendre à l'échéance s'il n'était payé, alors qu'il était interdit au mari de le vendre lui-même. Cependant l'hypothèque était-elle prévue par la loi Julia ? D'après les *Institutes* (L. II. tit. 8. pr.) elle y était interdite même avec le consentement de la femme. Que Justinien nous fasse connaître là la prohibition telle qu'elle existait de son temps, c'est certain ; mais que cette prohibition remonte à la loi Julia, cela nous paraît impossible, parce que l'hypothèque n'était guère usitée en Italie sous Auguste.

Aussi est-il remarquable que les jurisconsultes classiques, dans les passages où ils nous entretiennent des dispositions de

______

(1) L. 1, § 1, D. *de fund. dotal,* 23, 5. Lorsque le mari est insolvable et que ses créanciers font vendre ses biens aux enchères, les fonds dotaux passent à l'*emptor bonorum*. On suppose alors le mariage dissous et la femme se fait désintéresser en exerçant son privilège à l'égard des créanciers chirographaires.

(2) L. 12, § 1, D. *de fund. dot.* 23,5.

la loi Julia (1) ne font pas la moindre allusion à l'hypothèque.
L'un d'eux pourtant met, à côté de l'aliénation, *l'obligatio*. C'est
la L. 4 D. *de fundo dotali* où Gaïus présente la loi Julia comme
statuant « ne liceat alienare aut obligare » (2) mais il est probable que Gaïus veut, en énonçant le principe posé par la loi,
rappeler en même temps une de ses conséquences, savoir la
défense faite au mari d'hypothéquer le fonds dotal, parce que
cette conséquence fut déduite par les jurisconsultes dès que
l'hypothèque fut pratiquée.

Nous dirons donc avec M. Demangeat que la loi Julia défendait seulement l'aliénation, mais nous croyons que logiquement,
la jurisprudence dut appliquer cette loi à l'hypothèque.

Or la loi Julia considérait la femme comme capable de résister aux sollicitations de son mari, puisqu'elle lui refusait le
droit d'invoquer l'inaliénabilité lorsqu'elle-même avait consenti
à l'aliénation. Cette résistance était beaucoup moins probable
en ce qui concernait l'hypothèque parce que les effets de ce
contrat ne se font sentir qu'à une échéance lointaine ; pour
empêcher la femme de valider la constitution d'hypothèque, il
fallait donc la frapper d'une incapacité toute particulière ; ce
fut là le rôle que l'on fit jouer au sénatus-consulte Velléien.

Ce sénatus-consulte qui fut rendu sous le règne de Claude
interdit aux femmes toute *intercessio*, c'est-à-dire tout fait con-
sistant à s'obliger pour autrui, par ce motif que *l'intercessio*
rentrait dans les *officia virilia* (4). Le Sénat voulait, bien loin de
favoriser les femmes, restreindre leur influence en consacrant

(1) Gaïus, *Comment.* 2 § 63. Paul (*Sentent.* 2, 21, § 2.) dit « *Lege Julia de
adulteriis cavetur ne dotale prædium maritus, invita uxore, alienet.* »

(2) On a donné de ce texte l'explication suivante : le texte devait porter ces
mots « *ne liceat alienare invita muliere* » et ces derniers mots ont été rem-
placés par *aut obligare* pour mettre ce texte d'accord avec la loi unique au
Code § 15 *De rei uxor. act.* qui met sur la même ligne l'hypothèque et l'aliénation (Demangeat).

(3) L. 2. pr. D. *Ad. senatus-c. Vell.* 16. 1.

(4) « Cum eas virilibus officiis fungi, et ejus generis obligationibus obstringi
non sit æquum » (Ulp , l. 2, § 1, D. *ad. sc. Vell*).

une inégalité entre leur condition juridique et celle des hommes (1). Cependant la prohibition fut interprétée dans le sens d'une protection pour la femme. C'est ce que nous prouvent plusieurs textes. Ainsi Ulpien nous dit : « opem tulit mulieribus propter sexûs imbecillitatem (2) ». Marcien regarde l'*exceptio Velleiani* comme établie *mulieris causâ* (3). Cette interprétation s'explique facilement si l'on se rappelle que le Velléien, tout en étant inspiré par l'idée que nous venons d'indiquer, généralisait les édits d'Auguste et de Claude qui défendaient aux femmes d'intercéder pour leurs maris. Or cette prohibition avait certainement pour but de protéger les femmes mariées contre l'influence fâcheuse de leurs maris. Les jurisconsultes continuèrent à invoquer les motifs des édits lorsqu'ils se trouvèrent en présence de la prohibition beaucoup plus étendue du sénatus-consulte Velléien.

On arriva donc à raisonner ainsi : la femme par faiblesse de caractère (*sexûs imbecilitas*) se prête plus facilement à l'hypothèque du fonds dotal qu'à une aliénation immédiate : pour celle-ci, les conséquences lui en apparaissent nettement, tandis qu'en donnant à un créancier du mari le droit de faire vendre le fonds dotal au cas où il ne serait pas payé, elle ne croit pas faire un sacrifice réel, elle entend seulement s'obliger à respecter éventuellement le droit du créancier. Or cet acte a tous les caractères d'une intercession, et il faut lui appliquer la prohibition du sénatus-consulte.

Ainsi la défense d'hypothéquer le fonds dotal, même avec le consentement de la femme, résulta de la combinaison de la loi Julia, étendue à l'hypothèque, avec le sénatus-consulte Velléien.

Il y a plusieurs conséquences à tirer de cette origine : la plus importante c'est que, si l'hypothèque a été consentie par le mari

(1) A l'appui de cette opinion, voy. Gide, *Condition de la femme.*
(2) Ulp. L. 2, § 2, D. *ad. sc. Vell.*
(3) L. 40, pr. *De cond. ind.* 12, 6.

avec le consentement de la femme dans l'intérêt de celle-ci, elle ne sera pas annulée. Les principes qui régissent le sénatus-consulte Velléien nous conduisent aussi à décider que l'hypothèque sera valable quand le créancier aura été de bonne foi, c'est-à-dire aura cru que la femme s'obligeait pour elle-même (1). — Que si la femme commet un dol en consentant à l'hypothèque, la prohibition ne s'applique pas (2). Mais, bien entendu, dans les cas où la femme n'a pas consenti, la prohibition, dérivant alors de la loi Julia seulement, ne comporte pas ces restrictions.

3º Législation de Justinien.

Justinien a mérité le surnom d'Uxorius, tant il a multiplié les règles relatives à la conservation de la dot. Cependant il ne voulait pas, comme Auguste, favoriser les seconds mariages ; seulement la dot lui parut mériter toute sa sollicitude comme appartenant à un être faible. « Les anciennes lois, nous dit-il, (3) n'avaient pas considéré la faiblesse de la femme ». (Nec ad fragilitatem muliebrem respicientes). Et plus loin : « nous ne cherchons pas à faire gagner les femmes, mais nous ne voulons pas qu'elles subissent un préjudice et qu'elles soient dépouillées injustement de leurs biens ».

Nous devons nous borner ici à exposer comment il changea le système de l'inaliénabilité du fonds dotal.

Pour garantir à la femme la restitution de sa dot, (4) Justinien lui avait conféré par la loi unique au Code De rei uxoriæ actione une hypothèque tacite sur tous les biens du mari et par suite

---

(1) Tunc locus est senatusconsulto cum scit creditor eam intercedere (L. 12, D. ad s. c. Vell. 16, 1).

(2) Deceptis non decipientibus opitulatur (L. 2, § 3, D. ad, s. c. Vell. 16, 1).

(3) L. 12. C. Qui potiores in pignore habeantur, VIII, 18 appelée loi assiduis.

(4) Nous avons déjà eu à parler et nous reparlerons de la loi 30 de jure dotium.

sur la dot elle-même. L'année suivante, par la loi *assiduis*, il atta-
chait un privilège à cette hypothèque. S'il s'en était tenu là, la
femme aurait pu encore se priver de ces garanties en consentant
à l'aliénation des biens dotaux, puisqu'elle ne contrevenait pas
par là au Velléien. Justinien, par la loi unique § 15, para à ce
danger.

Ce texte dispose en effet que « sur le fonds non estimé, qui
» s'appelle à proprement parler *dotal*, le droit de la femme sera
» maintenu intact — or la loi Julia le rendait imparfait. — De
» plus, il s'appliquera à toutes les terres, non seulement à cel-
» les d'Italie, et il ne sera pas limité à la prohibition de l'hypo-
» thèque ». En conséquence, la femme est désormais incapable
de consentir même à l'aliénation de l'immeuble dotal. C'est une
incapacité tout à fait analogue à celle du Velléien et motivée
de la même façon « ne fragilitate naturæ suæ in repentinam
deducatur inopiam ».

C'est avec le caractère qui lui a été donné par cette réforme,
que l'inaliénabilité a passé dans notre Droit (1) ; nous cherche-
rons à le démontrer dans notre thèse française.


## Section II. — Des biens auxquels s'applique l'inaliénabilité.


Il est hors de doute que jusqu'à Justinien, les immeubles de
la femme étaient seuls frappés d'inaliénabilité. Nous avons des
textes qui permettent formellement au mari de disposer des
meubles soit corporels soit incorporels.

En ce qui concerne les premiers, nos textes visent les esclaves dotaux, parce que c'étaient là les meubles dotaux les plus

(1) M. Gide, *Condition de la femme.*

importants (1). Nous citerons la L. 21, D. *de manumis.* (40, 1) ;
La C. 3 au Code *De jure dotium*, 5, 12 la C. 1, au Code *De servo
pign. dat. manum.* (VII, 8) « licet dotale mancipium vir possit
manumittere, etc... »

Quant aux biens incorporels la loi 35, D. *de jure dot.* (23, 3)
autorise le mari à faire novation, la loi 66, D. *solut. matr.* (24,
3) autorise l'acceptilation, en un mot, les textes reconnaissent
le pouvoir absolu du mari propriétaire.

Sous Justinien le mari demeure propriétaire, nous l'avons
montré en signalant une controverse sur la constitution 30, C.
*de jure dot.* (V. 12). Mais ce texte est tellement difficile qu'il a
pu donner lieu à une autre controverse sur la question de savoir si la dot mobilière demeure aliénable. Ce qui est certain,
c'est que la constitution 30 améliore le *privilegium inter personales actiones* qui jusque là, permettait à la femme de poursuivre le recouvrement de sa dot sur l'ensemble des biens du mari
par préférence aux créanciers chirographaires ; désormais le
droit de la femme primera sur tous les biens apportés en dot et
qui se retrouvent en nature dans le patrimoine du mari, le droit
des créanciers hypothécaires de celui-ci, (*volumus eam actionem....... et hypothecariam omnibus anteriorem possidere*). Désormais aussi, comme nous l'avons admis, la femme aura
*contre le mari détenteur des biens dotaux* une action *in rem,* une
action en revendication,

Mais faut-il aller plus loin, et faut-il donner une interprétation rigoureusement logique aux qualifications d'*action hypothécaire* et d'*action en revendication* ? Autrement dit : si le mari a
aliéné un meuble dotal, l'*action hypothécaire* entraînera-t-elle le
droit de suite, l'*action en revendication* permettra-t-elle à la
femme de reprendre ce bien entre les mains des tiers acquéreurs ?

En ce qui concerne l'action hypothécaire, M. Demangeat per-

(1) Ajoutez que le mode d'aliénation des esclaves, savoir l'affranchissement,
était de nature à attirer l'attention des esprits juridiques.

met à la femme de l'exercer contre les tiers acquéreurs « La femme, dit-il, a une hypothèque privilégiée sur tous les objets apportés en dot, même sur les animaux et les esclaves, qui sont pourtant destinés à périr plus vite que la plupart des objets inanimés; mais, bien entendu, cette hypothèque suppose un objet encore existant au moment où elle peut être exercée (1). » Voilà donc selon cet auteur ce que signifient les mots *si tamen extant*, et il argumente d'un texte (2) où le mot *extare* indique effectivement que les objets existent encore *in naturâ rerum*, bien que sortis du patrimoine du mari. Si donc le mari a aliéné un meuble dotal, estimé ou non, la chose ne passe dans le patrimoine de l'acquéreur que *salvo jure mulieris*.

Nous ne croyons pas que la constitution 30, qui date de l'an 629, ait accordé une véritable action hypothécaire à la femme parce que la constitution de 530 en créant une hypothèque — à la vérité tacite et générale, semble l'indiquer comme une complète innovation. Quant aux mots *si res extant*, nous proposons, avec M. Gide, de les traduire ainsi « Si les biens dotaux sont encore dans le patrimoine du mari ». Les *res extantes* sont en effet opposées aux *res alienatæ* dans la loi 12 au Code *qui potiores in pign.* (8. 12) et dans une constitution des empereurs Léon et Anthémius (3). Il ne faut donc admettre l'action hypothécaire donnée par la loi 30 que comme résultant d'une fiction destinée à améliorer le *privilegium inter personales actiones*.

Quant à la revendication, les anciens commentateurs voulaient que la femme pût l'exercer même contre les tiers — tout au moins quand le mari était insolvable (4) — ; la loi 30 aurait donc consacré l'inaliénabilité de la dot mobilière et comblé la

---

(1) Demangeat, *Cond. du fonds dotal*, p. 91.
(2) L. 50, D. *Solut. matrim.*
(3) C. 6, § 3, C. *de sec. nupt.* (5, 9).
(4) Perezius, *Prælect. in cod.* L. V, t. XXIII, nº 6.

lacune de la loi Julia qui n'était relative qu'aux immeubles ; c'est ce qui ressortirait de ces mots « in rebus dotalibus sive mobilibus, sive immobilibus, sive æstimatæ, sive inæstimatæ sint ».

Mais d'abord pour les biens apportés avec estimation, Justinien nous dira lui-même dans la loi unique au Code *de rei uxor. act.* qu'il n'a rien changé au droit antérieur et que les immeubles sont aliénables. Or les mots que nous venons de reproduire ne permettent pas de distinguer les biens estimés ou non estimés.

Ce qui prouve encore davantage le maintien de l'aliénabilité de la dot mobilière, ce sont les termes employés par Justinien, dans la loi unique déjà citée, pour empêcher l'aliénation des immeubles dotaux même avec le consentement de la femme (1). Cette constitution modifie la loi Julia seule, ce qui semble indiquer qu'aucun changement n'avait eu lieu en ce qui concerne l'inaliénabilité, depuis cette loi. Quelle raison aurait-elle eu d'ailleurs, si l'inaliénabilité des meubles avait existé, de ne pas leur appliquer les règles qu'elle venait de créer ?

Nous conclurons que le droit de revendication, de même que l'action hypothécaire, n'était dans la loi 30 qu'un droit incomplet qui ne pouvait s'exercer contre les tiers détenteurs (2).

Certains interprètes tout en convenant que l'inaliénabilité de la dot mobilière ne résulte pas du texte que nous venons d'étudier, ont prétendu qu'elle a été créée par une constitution postérieure, la novelle 61, qui contient le passage suivant : « Et » multo potius hæc in dote valebunt, si quid dotis aut aliene- » tur, aut supponatur ; jam enim hæc sufficienter, delimata » atque sancita sunt. »

Cette novelle est destinée à étendre la règle de l'inaliénabilité à la donation *propter nuptias*. Sa rubrique est formelle sur ce point : « Ut immobilia ante nuptialis donationis neque hypo-

---

(1) L. *Unic.* C. *de rei uxor action.* 5. 13.
(2) Gide, *Du caractère de la dot.*

» thecæ dentur, neque omnino alienentur a viro, nec consen-
» tiente uxore, nisi postea satisfieri uxori possit; hæc vero
» etiam in dote valere. » Les immeubles compris dans la *donatio propter nuptias* sont inaliénables, il en est de même de la
dot, voilà tout ce que dit la rubrique. Le reste de la novelle ne
fait que reproduire, en les développant, ces prescriptions. Seulement, dans le rapprochement qu'elle fait entre la *donatio propter nuptias* et la dot, elle se sert des mots *si quid dotis*, et c'est
de ces derniers mots qu'on a voulu conclure, que la dot, qu'elle
consistât en meubles ou en immeubles, devenait inaliénable.

Il est à peine besoin de faire remarquer combien cette déduction est exagérée : dans une constitution où il n'est question
que d'immeubles, les mots *si quid dotis* ne peuvent être entendus que *secundum subjectam materiam*. Il serait d'ailleurs surprenant que Justinien, qui ne réalisait aucune réforme, si peu
importante qu'elle fût, sans l'annoncer en termes pompeux,
rompît ici avec ses habitudes.

Aussi l'argument tiré de la novelle 61 est-il généralement
abandonné aujourd'hui ; les interprètes qui admettent encore
l'inaliénabilité de la dot mobilière s'en tiennent à l'explication,
réfutée plus haut, de la loi 30 *de jur. dot.*

## Section III. — Sanction de l'inaliénabilité.

La sanction de l'inaliénabilité consiste dans la nullité qui peut
être invoquée tantôt par le mari tantôt par la femme.

Il semble que l'acquéreur ou le créancier ne peuvent être
admis à l'invoquer. Cela ne paraît pas douteux tant que dure
le mariage : la nullité de l'aliénation ne devient, en effet certaine qu'au moment de la restitution, c'est-à-dire de la dissolu-

tion du mariage. C'est alors seulement qu'il est possible de connaître les droits de la femme, car on sait que la restitution de la dot n'a été obligatoire dans toutes les hypothèses, qu'à partir d'une époque assez récente. Au début, la femme n'y a droit qu'au cas de divorce ; on y ajoute plus tard la dissolution du mariage par la mort du mari ; et cette situation reste long-temps sans être modifiée. Si donc le mariage doit se dissoudre par la mort de la femme, l'acheteur ne pourra subir aucune éviction.

D'un autre côté, aucun texte ne donne à supposer que le tiers puisse demander la nullité de l'acte qu'il a passé avec le mari. Au contraire, les jurisconsultes nous apprennent que la ratifi-cation donnée par la femme après la dissolution du mariage rend l'aliénation définitive. Qu'est-ce à dire, sinon qu'il ne dé-pend aucunement du contractant de revenir sur l'acte qu'il a passé ?

Cette solution est d'ailleurs conforme aux principes généraux admis par le Droit romain, au moins en ce qui concerne l'ac-quisition : l'acheteur ne peut réclamer le transfert de la pro-priété de la chose ; son seul droit est d'obtenir une mise en possession permanente et sans trouble ; c'est seulement au mo-ment de l'éviction qu'il a la faculté d'exercer un recours contre son vendeur. Or, tant que l'immeuble acheté n'est pas revendi-qué, l'acheteur ne subit aucun trouble. Nous reconnaissons d'ailleurs que ce raisonnement ne saurait convenir à la cons-titution d'hypothèque, dont l'objet est de conférer un droit réel.

Quoi qu'il en soit, le mari peut revendiquer pendant le mariage l'immeuble dotal. Cette solution constitue évidemment une singularité, puisque la nullité de l'aliénation ne sera certaine que lors de la dissolution du mariage. Peut-être a-t-on craint que l'acheteur ne détériorât l'immeuble. Dans tous les cas, si le mariage se dissout par la mort de la femme, l'aliénation devien-dra irrévocable, le mari perdra son droit de revendication (1)

(1) L. 3 § 1er. L. 17. D. *de fund dotal.* 23, 5. D'après M. Bachofen, la femme

Si le mari n'a pas revendiqué pendant le mariage, et que la femme ait droit à la restitution, celle-ci à la dissolution, exercera l'action que lui transmettra le mari ou qui sera censée lui avoir été transmise. Nous voyons donc s'établir, grâce à l'inaliénabilité, un véritable droit réel en garantie de la créance en restitution.

seule aurait le droit, même pendant le mariage, de revendiquer le bien aliéné contrairement à la loi Julia. V. la réfutation de ce système dans M. Demangeat.

# CHAPITRE IV

## DES ENGAGEMENTS CONTRACTÉS PAR LA FEMME SUR SES BIENS DOTAUX.

Le Droit romain pas plus que le Droit français ne songe à annuler les engagements contractés par la femme, sur le fondement de la dotalité.

Sans doute ces engagements ne sont pas exécutoires sur les biens dotaux, tant que dure le mariage. Mais la raison de cette solution n'est pas difficile à déterminer : pendant toute la durée du mariage, la dot, nous l'avons montré, appartient au mari ; il ne peut donc être question, pour la femme, d'engager en garantie de ses obligations des biens qui ne lui appartiennent pas.

Lorsque la femme obtient la restitution de la dot, elle doit consacrer à l'acquittement de ses dettes la portion nécessaire (1), et au besoin ses créanciers peuvent saisir la dot pour se payer sur le prix.

La femme, dans le but de frustrer ses créanciers, néglige-t-elle de demander la restitution de la dot ? Ceux-ci feront alors une *venditio bonorum*, c'est-à-dire une vente en masse des biens

_____

(1) L. 20. D. *Solut. matrim.* 24, 3.

et actions de leur débitrice ; et l'acquéreur de ces biens (*bonorum emptor*) exercera à son profit, par la voie utile, l'action
*rei uxoriæ*.

Il est certain que la validité de ces engagements rendra souvent à peu près vaine l'inaliénabilité et l'obligation imposée au
mari de restituer la dot. Mais ce n'est pas contre la femme,
avons-nous dit, que la loi Julia est dirigée ; on a voulu simplement empêcher les actes de propriétaire émanant du mari.

Lorsque le but de l'inaliénabilité se modifie, lorsqu'elle est
également dirigée contre l'imprévoyance et la faiblesse de la
femme, la nullité des engagements pris par celle-ci devrait être
proclamée. A quoi bon interdire à la femme d'adhérer à l'aliénation émanant du mari, si on lui permet à elle-même de se
dessaisir indirectement de ses biens dotaux par le moyen d'un
engagement? Mais on sait que Justinien ne se pique pas de logique dans ses réformes.

La femme est d'ailleurs en partie protégée par le sénatus-consulte Velléien, auquel nous avons fait allusion à propos de la
défense d'hypothéquer. Mais ce sénatus-consulte n'accorde pas
une immunité plus large aux biens dotaux qu'aux biens paraphernaux : ils sont tous soumis aux mêmes règles et peuvent
être saisis pour l'exécution des engagements contractés par la
femme soit dans son intérêt, soit même, suivant les époques,
dans l'intérêt des tiers autres que son mari.

Outre ce moyen de disposer indirectement de sa dot pendant
le mariage, la femme en a un second qui consiste à aliéner sa
créance en restitution. Cet acte ne rencontre pas plus d'obsta-
cles que le précédent, puisque comme lui, il n'a rien de contraire
au but primitif de l'inaliénabilité. Aussi la femme peut-elle, sans
aucun doute, céder sa créance en restitution à un tiers au
moyen d'une *procuratio in rem suam* ou déléguer son mari à un
nouveau créancier. Cette solution résulte invinciblement d'un
texte qui accorde à la femme la *restitutio in integrum* contre une
délégation qu'elle a consentie pendant sa minorité au profit

d'un tiers ou de son père (1). Accorder cette *restitutio* sur le fondement de la minorité, c'est dire clairement que, si la femme est majeure, rien ne s'oppose à ce qu'elle dispose de sa créance.

Toutefois la femme ne peut pas renoncer aux différentes garanties légales qui lui sont acccordées pour obtenir la restitution de sa dot, et notamment au privilège et à l'hypothèque privilégiée. Quoique cette solution ne paraisse pas indiquée par les textes, nous ne la croyons pas douteuse : toutes les garanties légales sont introduites dans l'intérêt public, et les particuliers ne peuvent y renoncer avant que leurs droits ne soient ouverts : *privata conventio juri publico nihil derogat* (2). D'ailleurs pour l'hypothèque privilégiée, nous n'avons qu'à nous référer aux expressions de Justinien dans la *Const. unique* au C. *de rei uxor.* « ne et consensu mulieris hypothecæ ejus minuantur ». Il était logique, lorsqu'on cherchait à protéger énergiquement la femme, qu'on l'empêchât de se dépouiller des garanties que l'on créait : laissons à Justinien le mérite de l'avoir fait, de même que pour le *privilegium* de l'époque classique, les jurisconsultes ont dû le faire.

(1) L. 3, § 5. D. *de minor* IV. 4.
(2) Paul, *Sent.* 1. 1. § 6.

# TABLE DES MATIÈRES

## DROIT ROMAIN

### DE LA PROTECTION DE LA DOT PENDANT LE MARIAGE

# DROIT FRANÇAIS

## DES DROITS ET DES OBLIGATIONS
# DE LA FEMME DOTALE

### RELATIVEMENT A SA DOT

### PENDANT LA DURÉE DU MARIAGE

## INTRODUCTION

Le régime dotal est une véritable source de difficultés théoriques et pratiques que nous ne pouvons pas songer à aborder toutes dans cette étude. Mais il semble qu'en se plaçant au point de vue exclusif de la femme mariée sous ce régime, on en aperçoit nettement les traits distinctifs. C'est en effet à une législation pleine de défiance vis-à-vis du mari considéré presque comme l'ennemi de la fortune de la femme, que ce régime a été emprunté : c'est à la législation de Justinien.

Il serait intéressant d'examiner ce que cette législation est devenue dans notre ancienne France, et particulièrement quelle a été l'application de l'incapacité résultant du sénatus-consulte Velléien, mais ce travail ne nous donnerait pas un résultat certain pour l'intelligence du droit actuel. Ce qui n'est pas douteux, c'est que les rédacteurs du Code n'ont admis le régime dotal que pour ne pas froisser les habitudes des pays de droit écrit. La règle de droit commun qu'ils ont établie est le régime de communauté ; le régime dotal a été la règle facultative accordée pour le cas où la femme aurait à redouter chez son mari l'esprit d'entreprise et de dissipation.

Ce qui caractérise ce régime, c'est que la dot peut être frappée d'inaliénabilité et l'inaliénabilité a l'avantage d'empêcher qu'un mari dissipateur ne consomme le patrimoine maternel de ses enfants, qu'une femme faible ne donne à des emprunts et à des ventes un consentement que l'autorité maritale obtient presque toujours, même des femmes qui ont un caractère et un courage au-dessus du commun (1) ». Si, malgré les considérations de cet ordre, les rédacteurs du Code ont, non-seulement refusé de faire de l'inaliénabilité de la dot une règle de droit commun, comme sous Justinien, mais même hésité à faire une place au régime dotal (2), c'est que l'on faisait à ce régime des reproches reproduits fréquemment depuis, et qui justifieraient, s'ils étaient irréfutables, le peu de considération qu'ont montré pour lui les auteurs du Code civil.

Il est incontestable qu'en choisissant un régime qui rend inaliénables les biens de la femme, les époux s'interdisent toute opération dont le résultat serait d'augmenter la fortune de celle-ci ; mais cet inconvénient est largement balancé par les avantages que présente cette situation : si la femme ne s'enrichit pas, elle est au moins sûre de ne pas s'appauvrir et de conserver intacte la portion de son patrimoine à laquelle elle a

(1) Paroles du tribun Siméon — (v. Locré, t. XIII, p. 471).
(2) L'article 138 dans la première rédaction du titre du contrat de mariage était ainsi conçu : « les immeubles constitués en dot ne sont pas inaliénables ».

attaché le caractère de dotalité ; le régime dotal la met à l'abri des entreprises dangereuses, des spéculations hasardées dans lesquelles son mari pourrait l'entraîner sans résistance de sa part.

Ce n'est pas d'ailleurs uniquement dans l'intérêt de la femme, mais aussi et surtout dans celui des enfants et de la famille que le régime dotal est autorisé. Le législateur français comme le législateur romain a eu en vue la conservation de la dot ; mais, tandis que le second voulait accorder à la femme veuve ou divorcée la facilité de contracter un nouveau mariage, le premier a voulu assurer des moyens d'existence soit à la femme, soit à ses héritiers, soit aux personnes auxquelles elle lègue son patrimoine.

Or il est certain que l'inaliénabilité atteint ce but et qu'en garantissant la sécurité du lendemain, elle met l'apport de la femme à l'abri des suites d'une spéculation aventureuse.

Du reste, cette immobilisation, (si l'on peut ainsi parler) du patrimoine de la femme, n'est pas aussi nuisible qu'on pourrait le croire tout d'abord, à la circulation et à l'augmentation de sa fortune. Etant donnée l'importance croissante des valeurs mobilières, la plus grande partie des fortunes consiste aujourd'hui en meubles ; or, si l'inaliénabilité des immeubles est une entrave aux actes de disposition, il en est tout autrement des meubles : en admettant même avec la jurisprudence, que les meubles dotaux ne soient pas aliénables, ils n'en sont pas moins soumis à l'administration du mari ; et ce droit d'administration entraîne, comme il sera montré plus loin, la faculté d'aliéner dans certains cas, peut-être même dans tous les cas, les meubles corporels ou incorporels de la femme.

L'inaliénabilité dotale a un autre avantage ; c'est de rendre moins fréquentes les discordes entre époux, qui se produisent

si souvent dans les questions d'intérêts sous d'autres régimes.
Le mari ne cherchera pas à obtenir de sa femme pour l'aliénation des immeubles dotaux un consentement qui n'aurait aucune
utilité ; la femme n'aura pas à hésiter entre l'autorité de son
mari et son intérêt. C'est en s'inspirant de cette considération
que la Cour de cassation, allant beaucoup plus loin que le légis
lateur dans cette voie, a récemment validé par un arrêt qui sera_
examiné dans le cours de cette étude, la clause d'un contrat
qui se résumait dans l'inaliénabilité d'une partie des biens du
mari. C'est également pour ce motif qu'elle permet, comme
nous le verrons, à la femme de stipuler l'inaliénabilité de ses
biens paraphernaux.

Quant à l'inconvénient principal qu'on peut reprocher au
régime dotal, celui d'obliger les époux à conserver un bien sujet
à dépérissement, ou ne produisant qu'un revenu insuffisant, il
peut disparaître en vertu des clauses du contrat de mariage.
Nous ne parlons pas de la stipulation d'aliénabilité qui détruit
en réalité le régime dotal pour en faire une variété du régime
sans communauté (1), mais du droit que peuvent s'accorder les
époux d'aliéner les biens dotaux à charge de remploi. Rien
n'empêche alors la femme autorisée du mari (2) d'aliéner des
immeubles dotaux, à charge de les remplacer par d'autres.

Un autre inconvénient sérieux du régime dotal, inconvénient
qu'il partage avec le régime sans communauté, est la sépara-

(1) Nous disons *une variété,* car plusieurs des différences entre le régime
sans communauté et le régime dotal continuent à subsister. Notamment les
articles 1570 et 1572 s'appliquent sans distinction à toutes les formes du régime
dotal. Nous devons ajouter que, d'après une opinion qui tend à prévaloir en
pratique, la stipulation d'aliénabilité des biens dotaux ne supprime pas l'impossibilité pour la femme de renoncer aux garanties de restitution de la dot.

(2) Il serait plus conforme au langage de la loi de dire que le mari agit alors
avec le consentement de la femme (conf. art. 1559). Mais cette expression
serait peu juridique, puisque, comme on le verra, la femme est dans notre droit
propriétaire de sa dot.

tion absolue qu'il établit entre les patrimoines des deux époux, jointe à l'attribution au profit du mari des revenus des biens dotaux. Il est vrai que le mari est tenu d'employer ces revenus à l'acquittement des charges résultant du mariage ; mais l'excédant lui appartient en propre, au lieu d'être employé, selon l'équité, dans l'intérêt de la femme. Peut-être serait-il bon, pour remédier à cette injustice, que le législateur déterminât ou fît déterminer par le juge la somme jusqu'à concurrence de laquelle le mari pourrait s'approprier les revenus des biens dotaux et l'obligeât à employer le surplus au profit de la femme (1). La société d'acquêts, c'est-à-dire la combinaison du régime dotal et de la communauté qui établit entre les époux une propriété indivise de ce qui est acquis pendant le mariage avec les économies provenant des propres (art. 1581) si fréquente qu'elle soit dans la pratique, ne s'est pas encore généralisée.

De cet aperçu sommaire sur le régime dotal, il ressort deux points de vue qui devront nous retenir pour déterminer les droits et les obligations de la femme relativement à ses biens dotaux : d'une part la raison d'être de l'inaliénabilité, d'autre part la séparation d'intérêts.

L'inaliénabilité est aujourd'hui établie non plus dans l'intérêt unique de la femme et pour lui permettre de contracter un second mariage après la dissolution du premier — c'est là un point qui touche fort peu le législateur moderne — (1) mais surtout dans l'intérêt de la famille. A Rome, au contraire, on cherchait, à l'époque classique du droit, à faciliter un nouveau mariage à la femme. Mais malgré la différence de ces points de

_______

(1) Voy. en ce sens Lespinasse, *Revue critique*, 1888, p. 381 et suiv.

(2) Les seconds mariages sont même traités avec une certaine défaveur par le Code civil. Comp. art. 1098, 395, 380. La statistique établit d'ailleurs que la tendance à une seconde union est moins prononcée chez la femme que chez l'homme.

départ, les droits et les obligations de la femme dans le droit actuel et dans le Droit romain sous Justinien sont les mêmes, à ne considérer que les grandes lignes. C'est que l'on finit à Rome par se départir de l'idée primitivement adoptée : la femme qui pouvait aliéner les biens dotaux avec le consentement de son mari, en vertu de la règle que toute personne peut renoncer aux faveurs qui lui sont accordées, perdit cette faculté lorsqu'on sentit le besoin de la protéger contre ses propres faiblesses. De même la dot, qui ne devait pendant longtemps être rendue que dans le cas où la dissolution du mariage trouvait la femme vivante, devint restituable même quand l'union cessait par la mort de la femme.

Quant à la séparation d'intérêts qui se remarque dans le régime dotal, elle existait à Rome aussi bien que dans notre droit mais elle forme aujourd'hui un trait tout à fait caractéristique qui distingue le régime dotal devenu facultatif, du régime de la communauté, et qui le rapproche du régime sans communauté et de la séparation de biens. Elle produit d'importantes conséquences relativement à l'administration, à l'aliénation et à la restitution de la dot ; elle éclairera donc l'étude des droits et obligations de la femme.

Il est nécessaire toutefois avant d'aborder cette étude de déterminer la propriété des biens dotaux ; il est clair que les pouvoirs du mari seront plus ou moins larges suivant qu'il gère ses biens personnels ou ceux de sa femme et que les conséquences d'une aliénation indue différeront suivant qu'il faudra l'attribuer à l'un ou l'autre époux. C'est seulement après avoir élucidé ce point que nous passerons en revue l'administration et l'aliénation de la dot, puis les engagements contractés par la femme, nous arrêtant à la dissolution du mariage.

# CHAPITRE PREMIER

## DE LA PROPRIÉTÉ DES BIENS DOTAUX

La femme garde-t-elle aujourd'hui la propriété de ses biens dotaux comme celle des paraphernaux, de même que sous les autres régimes elle reste propriétaire de ses biens propres ?

On connaît la théorie adoptée par le Droit romain sur ce point : le mari, par un souvenir du système de la *manus*, devenait par le fait du mariage, propriétaire de la dot de la femme, à charge de la restituer sous les conditions légales après la dissolution du mariage ; la femme ne recouvrait la propriété qu'au moment où naissait son droit à la restitution.

Dans l'ancien droit au contraire, la femme restait certainement propriétaire de sa dot ; on croyait même pouvoir tirer cette idée des textes du Droit romain qui cependant, disaient le contraire (2). Les pouvoirs exorbitants du mari faisaient dire qu'il agissait « comme s'il en était le maître ». Mais cela n'empêchait pas de reconnaître « que la femme en conserve la propriété ». Et on ajoutait « ce sont ces derniers effets des droits du mari et de ceux de la femme sur le bien dotal qui font que

(1) L. 75, D. *de jure dot.* « Quamvis in bonis mariti dos sit, mulieris tamen est ».

les lois regardent la dot et comme un bien qui est à la femme
et comme un bien qui est au mari (1).

On faisait cependant une exception pour le cas où la dot de
la femme, qu'elle consistât en meubles ou en immeubles, avait
été estimée, et pour celui où la femme apportait une somme
d'argent : « la dot en deniers ou en autres choses, *soit meubles,*
» *soit immeubles,* qui ont été estimées par le contrat à un cer-
» tain prix, est propre au mari ; car cette estimation lui en fait
» une vente, et la dot consiste dans le prix convenu (2) ».

En somme, pour déterminer l'époux auquel appartenait la dot
apportée par la femme, on se demandait si la valeur en avait
été indiquée ou non. Dans la première hypothèse, le mari ne
devait restituer que la valeur ; dans la seconde, la femme avait
droit aux choses mêmes *in specie.* La théorie du droit actuel est
un peu différente ; il faut aujourd'hui distinguer entre les immeubles et les meubles.

Il n'y a guère de difficulté pour les immeubles ; quoique l'on
ait autrefois soutenu (3) que le mari en devient propriétaire, l'é-
tude de l'ancien droit et l'examen des textes (4) ne permettent
pas le doute ; nous avons montré que, dès le moyen âge, la
femme était considérée comme propriétaire de sa dot non estimée. C'était elle qui pouvait en disposer dans les cas exception-

---

(1) Domat, *Lois civiles,* Liv. I, tit. 9, Sect. 1, § 3. Voy. aussi Tessier, *De la
dot.* t. 2, p. 121 et 177. *Questions sur la dot,* n^os 1 à 49.

(2) Domat, *loc. cit.* § 4. Tessier, *Société d'acquêts* n° 29. Cependant, les Parlements décidaient souvent, en fait, que l'estimation avait un autre but et que
la propriété n'était pas transférée. Ils admettaient en outre que si le mari ne
pouvait lors de la dissolution fournir le montant de l'estimation, l'immeuble
pouvait être suivi par la femme ; cet immeuble était donc frappé d'une dotalité subsidiaire.

(3) Troplong, *Contrat de mariage,* t. 4, n^os 3102 à 3104.

(4) Rodière et Pont, *Contrat de mariage,* t. 3, n^os 1711 et suiv. — Marcadé,
*Explication du Code civil,* 7^e édit. sur l'article 1549, n° 2. — Aubry et Rau,
*Cours de droit civil,* 4^e édit., t. 5, § 535, note 1, p. 545 et § 536, note 1,
p. 554. — Colmet de Santerre, *Cours de droit civil,* t. 6, n° 221 bis. — Guillouard, *Contrat de mariage,* t. 4, n° 1764.

nels où le principe de l'inaliénabilité était mis en échec ; c'était sur elle que se faisait le décret forcé.

En outre l'article 1549, en accordant au mari l'administration des biens dotaux, montre implicitement qu'il n'en devient pas propriétaire ; il en est de même des articles 1555 et 1556 qui accordent à la femme et non pas au mari le droit de disposer de la dot pour l'établissement des enfants. Enfin l'article 1564 oblige le mari à rendre, lors de la dissolution, les immeubles dotaux eux-mêmes et non pas leur valeur ; il faut donc admettre que la femme en a conservé la propriété, car il est impossible de prétendre que le mari a été propriétaire pendant un terme incertain.

L'article 1552 est beaucoup plus formel encore ; en décidant que l'estimation donnée à l'immeuble dans le contrat de mariage n'en transfère pas la propriété au mari, il manifeste chez le législateur l'intention non seulement d'observer la théorie de l'ancien droit, mais de l'exagérer encore.

Aujourd'hui l'immeuble dotal reste la propriété de la femme aussi bien lorsqu'il est estimé que lorsqu'il est apporté purement et simplement ; l'estimation peut en effet avoir un autre but que le transfert de la propriété de l'immeuble ; les époux ont-ils voulu prévoir la perte du bien dotal par la faute du mari ? ont-ils eu l'intention de faire connaître la fortune de la femme ? il est impossible de savoir quel a été le motif de l'estimation et par suite il eût été dangereux d'en induire un transfert de propriété. (1)

Le transport de la propriété des immeubles ne peut donc résulter que d'une stipulation formelle, par exemple, comme le

----

(1) M. Guillouard (t. 4, n° 1767) ajoute que l'estimation de l'immeuble constitué par un tiers est nécessaire pour fixer les droits d'enregistrement. Il y a là une erreur certaine ; les droits d'enregistrement se calculent, en cas de donation, non pas sur la valeur vénale de l'immeuble, mais sur le revenu capitalisé, suivant les cas, par 20 ou par 25 (L. 22 frim. an VII, art. 15 § 7. — L. 21 juin 1875, art. 2).

suppose l'article 1552, de l'estimation suivie de la clause que cette estimation vaut vente.

En principe, les meubles restent également la propriété de la femme ; pour qu'il en soit autrement, il faut, soit que l'objet apporté ne puisse par sa nature subsister *in specie* dans le patrimoine de la femme, soit que la volonté de rendre le mari propriétaire soit exprimée.

Ainsi les choses dont on ne peut user sans les consommer appartiennent certainement au mari qui en restituera, lorsque le moment sera venu, la valeur au jour du mariage. Qui soutiendra que les denrées alimentaires apportées par la femme soient restituables en nature ? De même les objets qui sont destinés, par leur essence même, à être transformés ne sont restituables que par équivalent ; il en est ainsi des sommes d'argent ou des marchandises faisant partie d'un fonds de commerce (1). On conçoit que ces règles n'aient aucune application en ce qui concerne les immeubles.

Mais pourquoi la loi, établissant une importante différence entre les immeubles et les meubles, décide-t-elle que l'estimation de ces derniers emporte vente au profit du mari ? Il est impossible d'y trouver d'autre motif que le dédain du législateur pour la fortune mobilière ; car l'estimation des meubles peut avoir le même but que celle des immeubles et n'entraîne pas logiquement un transport de propriété (2).

---

(1) Aubry et Rau, t. 5, § 537, p. 557, texte. — Rodière et Pont, t. 3, n⁰ˢ 1666 et 1720. — Laurent, *Principes de Droit civil*, t. 23, n° 488. — Jouiton, *Régime dotal*, n° 386. — Guillouard, t. 4, n° 1766. — Cass., 22 mars 1882. D. 82. 1. 337. — Limoges, 15 juillet 1884. D. 85. 2. 65. Il en est de même sous d'autres régimes, par exemple sous la communauté d'acquêts. Aubry et Rau, t. 5, § 522, p. 457, texte. — Guillouard, t. 3, no 1473. — L'article 1851 établit la même règle en matière de société.

(2) L'article 1551 présente donc un caractère exceptionnel, qui interdit de l'étendre aux autres régimes matrimoniaux, par exemple à la communauté réduite aux acquêts. V. en ce sens : Toullier, *Cours de droit civil*, t. 13, n° 326 — Laurent, t. 23, n° 150. — Guillouard, t. 3, n° 1474. L'opinion générale est contraire. Aubry et Rau, t. 5, § 522, p. 457, not. 31. — Rodière et Pont, t. 2,

En résumé, la propriété des immeubles dotaux n'est transportée au mari qu'en vertu d'une clause formelle. Cette clause est inutile pour les meubles, lorsqu'ils sont destinés à être vendus, qu'on ne peut en user sans les consommer, ou que le contrat de mariage en contient l'estimation.

L'intérêt de cette distinction est fondamental au point de vue des droits et des obligations de la femme.

On peut se demander tout d'abord si la femme doit garantir sa dot, c'est-à-dire indemniser le mari de l'éviction subie par le bien dotal

Lorsque le mari n'en a pas acquis la propriété, il n'a droit à garantie que si la dot porte sur certains objets individuellement déterminés (art. 1547) ; dans le cas, en effet, où la femme se constitue en dot l'universalité ou une quote-part de son patrimoine, la garantie n'est évidemment pas due, puisque la femme n'apporte que ses biens tels qu'ils existent, sans en assurer la consistance (1).

La solution est la même pour la dot dont la propriété est transférée au mari ; (2) mais ici ce n'est plus comme constituante, c'est comme venderesse (art. 1626) que la femmme est tenue. C'est, en effet en une vente que s'analyse l'opération intervenue entre les époux, et, si l'article 1552 peut laisser subsister un doute, la solution est trop clairement donnée par

n⁰ˢ 1275 à 1278. — Labbé, note. S. 78. 1. 5. — Deloynes sur Tessier, *Société d'acquêts,* p. 162. — Paris, 11 mai 1837. S. 37. 2. 306. La Cour de cassation adopte une opinion intermédiaire ; elle consulte l'esprit et les termes du contrat de mariage. Cass. req., 14 mars 1877. S. 78. 1. 5 ; D. 77. 1. 353. V. encore à propos de l'estimation d'un office apporté par le mari. Paris : 8 avril 1860. S. 69. 2. 201. — Bordeaux, 17 février 1886. S. 86. 1. 206.

(1) Aubry et Rau, t. 5, § 500, p. 228, note 27. — Rodière et Pont, t. I, n° 124.

(2) *Contrà* Guillouard, t. 4, n° 1771. L'opinion de cet auteur paraît d'autant plus singulière qu'il voit, comme nous, dans le contrat dont nous parlons une vente ; il la motive uniquement sur l'absence de spéculation qui caractérise cette vente ; mais l'existence de la garantie ne saurait dépendre d'une distinction de ce genre. Dans tous les cas, il faut au moins admettre que la femme doit la garantie comme constituante.

l'article 1551. pour que la controverse soit permise : l'expression
de vente était également employée par l'ancien droit et le droit
romain. En vain dit-on que le contrat se décompose, que la
femme, après avoir vendu son bien dotal, est censée avoir reçu
le prix qu'elle remet ensuite au mari : rien n'autorise une
pareille fiction ; il ne s'agit pas, comme le prétend le système
que nous combattons, de la constitution d'une somme, mais de
la remise d'une chose (1).

Mais importe-t-il que la garantie provienne d'une vente ou
d'une constitution de dot, puisqu'en aucun cas son existence ne
fait de doute ? L'intérêt de la question tient aux effets différents
des deux garanties. On sait qu'en cas d'éviction d'un bien acquis
l'acheteur a droit, à son gré, à la restitution du prix qu'il a
payé ou à la valeur que présente la chose au moment de l'éviction (art. 1631 et 1633). Le mari évincé de la chose dont il est
devenu propriétaire pourra invoquer ces articles ; au contraire
pour le bien que la femme se constitue sans en transférer la
propriété au mari, celui-ci n'a jamais droit qu'à la valeur de la
chose lors de l'éviction car c'est à cela que se réduit la perte,
et, en l'absence de textes contraires, il ne peut obtenir que la
réparation du préjudice subi (2).

On peut se demander, en sens inverse, si la femme comme
venderesse peut intenter contre son mari une action en rescision
pour cause de lésion quand l'immeuble dont elle transfère la
propriété est d'une valeur supérieure de plus des sept douziè-
mes à celle qui a été portée au contrat de mariage (art. 1674).

L'affirmative qui établirait une importante différence entre
cette hypothèse et celle où la femme a conservé la propriété
du bien dotal, serait évidemment fâcheuse : des dissensions
pourraient éclater entre les époux lorsque la femme exercerait

_______________

(1) Guillouard, t. 4, nos 1768 et 1769. — *Contrà* Colmet de Santerre, t. 6,
no 224 bis. — Baudry-Lacantinerie, *Principes de droit civil*, t. 3, n° 364.

(2) Aubry et Rau, t. 5, § 500, p. 229, note 31 (avec la rectification qui se
trouve au t. 8, p. 628). — Rodière et Pont, t. 1, n° 119.

cette action. En outre la rescision pour cause de lésion repose sur une présomption qui ne trouverait pas ici son application : la femme ne peut prétendre qu'une pression a été exercée sur elle ou que les circonstances l'ont obligée à vendre son bien pour un prix inférieur à sa véritable valeur. On se conformera bien mieux à son intention si l'on admet qu'elle a entendu soit conclure un forfait, soit faire donation à son mari de cet excédant de valeur. Il est vrai que l'article 1674 interdit dans la vente ordinaire cette donation de plus-value. Mais sur quoi repose cette défense ? sur la même présomption qui a fait admettre la rescision pour cause de lésion. Le législateur a supposé que cette clause deviendrait de style et que le vendeur agirait, en y souscrivant, sous les mêmes influences qu'en accomplissant la vente elle-même. Or cette idée n'est pas admissible, si l'on se place en face d'une constitution de dot : la femme est entourée d'une protection suffisante pour être garantie contre la lésion, puisque le contrat de mariage est rédigé par un notaire, que le consentement de la famille est souvent nécessaire, (art. 1398) que le mari enfin a tout intérêt avant la célébration du mariage à n'essayer d'aucune influence et à ne pas provoquer par des moyens suspects un excès de générosité.

Si nous nous plaçons maintenant après la célébration du mariage, les droits et les obligations respectifs des époux varient encore suivant que la propriété a été transférée ou non.

Le mari jouit d'un pouvoir absolu sur les biens dont il est propriétaire, et qui se confondent avec le reste de son patrimoine. Ses droits d'administration ne s'appliquent qu'aux biens dont la femme conserve la propriété ; les autres biens ne sont pour la femme que l'objet d'une créance. Le mari peut donc les aliéner d'une manière absolue. (1)

(1) Quant à la créance de la femme, dans le système de l'inaliénabilité de la dot mobilière elle est protégée par l'impossibilité de s'en dessaisir ou d'abdiquer les garanties qui y sont attachées ; mais nous aurons à voir si ce système est admissible.

Enfin lors de la dissolution du mariage, la femme peut-elle réclamer le privilège du vendeur pour obtenir le payement du prix stipulé? L'affirmative nous paraît incontestable. L'opinion contraire procède de la fiction qui décomposerait la vente du bien dotal et que nous avons rejetée. Il est vrai, que l'article 1572 dénie à la femme un privilège pour la restitution de sa dot, mais le but unique de cette disposition a été évidemment d'abroger l'hypothèque privilégiée que le droit romain accordait à la femme, et n'a rien de commun avec notre question.

# CHAPITRE II



## DES DROITS ET DES OBLIGATIONS DE LA FEMME
## EN CE QUI CONCERNE
## L'ADMINISTRATION ET LA JOUISSANCE DES BIENS DOTAUX

Deux périodes doivent être distinguées : celle où le contrat de mariage reçoit son exécution, celle où la femme a obtenu la séparation de biens et le droit d'administration et de jouissance qui en découle.

## Section I. — Administration et jouissance sous l'empire du contrat de mariage.

### § 1. — Principe.

Le principe est formulé par l'article 1549 du Code civil. « Le mari seul a l'administration des biens dotaux pendant le » mariage. Il a seul le droit d'en poursuivre les débiteurs et » détenteurs, d'en percevoir les fruits et les intérêts, et de re- » cevoir le remboursement des capitaux ».

Quel droit reste-t-il donc à la femme ? Aucun ; une administration double serait d'un effet désastreux ; des conflits continuels s'élèveraient entre les époux, le mari cherchant à abuser de son autorité, la femme se servant de la menace d'une séparation de biens.

Cependant la plupart des auteurs permettent à la femme de faire seule, en cas d'omission du mari, les actes conservatoires auxquels donnent lieu les biens dotaux ; par exemple, d'interrompre une prescription acquisitive ou libératoire, de percevoir les récoltes arrivées à maturité (1). On n'excepte que l'hypothèse où l'acte conservatoire exigerait l'introduction d'une action en justice ; encore certains interprètes (2) autorisent-ils la femme à accomplir un pareil acte, à condition d'introduire immédiatement après une demande en séparation de biens contre le mari négligent. Nous ne voyons pas grand inconvénient, en effet, dans cette espèce à donner un effet rétroactif à la demande de séparation (3).

Du reste les dilapidations ou les négligences du mari ne trouvent leur remède que dans la séparation de biens car en dehors des simples actes conservatoires la femme ne peut accomplir aucun acte d'administration, même avec l'autorisation du mari ou de la justice. En accordant ce droit au mari *seul* l'article 1549 exclut certainement la femme.

Cette opinion a paru singulière à beaucoup d'auteurs : que la femme ne puisse avec l'autorisation de la justice accomplir un acte qui entre dans les attributions du mari rien de plus naturel, car la solution contraire dépouillerait ce dernier d'une de ses prérogatives (4). Mais, a-t-on dit, quelle raison y a-t-il de ne pas permettre à la femme d'agir avec l'autorisation du

(1) Aubry et Rau, t. 5, § 536, p. 557 texte. — Guillouard, t. 4, n° 1785. — Colmet de Santerre, t. 6, n° 221 bis. — Laurent, t. 25, n° 475. — Rodière et Pont, t. 3, n° 1757.
(2) Aubry et Rau, *loc. cit.* et note 11. — Rodière et Pont, *loc. cit.*
(3) Cpr. art. 503.
(4) Aubry et Rau, t. 5, § 535, p. 547, note 10. — Guillouard, t. 4, n° 1785.

mari (1)? Les garanties accordées à la femme ne sont-elles pas les mêmes et le mari ne reste-t-il pas responsable des suites fâcheuses d'une action intentée trop légèrement? D'un autre côté, dit-on, l'autorisation donnée par le mari à la femme, équivaut à un mandat et il n'est pas défendu au mari de se décharger sur un tiers, par conséquent sur la femme, du soin d'intenter l'action. La question a notamment été tranchée en ce sens par la jurisprudence, pour les actions pétitoires (2).

La première de ces objections n'est certainement pas fondée; si le mari en intentant à tort une action qui fait partie du patrimoine de la femme, ou, d'une manière plus générale, en gérant mal les affaires de celle-ci, encourt une responsabilité, il en est autrement du mari qui se contente de donner une autorisation. Il n'a procuré à la femme qu'un complément de capacité, et comme celle-ci a agi elle-même, elle ne peut rendre son mari responsable d'un acte qui a tourné à son préjudice.

C'est une autre erreur que de soutenir que l'autorisation du mari équivaut à un mandat; la confusion entre l'autorisation et le mandat, que la jurisprudence n'a pas toujours su éviter (3) est fort dangereuse : le mandat confère au mandataire le droit d'agir au nom du mandant, lequel reste responsable envers les tiers des engagements contractés par le mandataire ; mais le mari qui autorise sa femme n'a rien à redouter ni à espérer des suites du contrat ; (4) il n'est donc pas son mandant.

---

(1) Tessier, *De la dot*, t. 2, nº 835. — Rodière et Pont, t. 3, nº 1758. — Lyon, 16 janvier 1884. S. 85, 2, 52.

(2) Cass. civ., 30 mars 1874. S. 74, 1, 353.

(3) Voy. notamment : Cass. req., 6 août 1878. (S. 79. 1. 65) qui considère que le mari absent a donné à sa femme un *mandat* tacite de louer ses services. Voy. en sens inverse, Chambéry, 9 fév. 1887. (*La loi* du 8 décembre), qui attribue à la femme une *autorisation* tacite de subvenir aux dépenses du ménage.

(4) *Qui auctor est se non obligat.* A propos du régime de la communauté, une controverse célèbre s'est élevée sur le point de savoir si c'était par exception au principe formulé dans cet adage, que le mari est tenu des engagements contractés par la femme. Nous renvoyons à Aubry et Rau, t. 5. § 509,

Ce mandat serait-il même valable ? Certes il est permis, en.
général, à l'un des époux de faire de l'autre son mandataire ;
et, si la femme séparée de biens peut charger son mari d'administrer son patrimoine, le mari commun peut donner mandat à
sa femme de contracter des engagements pour les dépenses du
ménage. Mais il s'agit dans ces divers cas de mandats donnés
dans l'intérêt du mandant, alors que, dans notre espèce, le
mandataire serait chargé de gérer ses propres affaires ; et, si
l'on remarque que le mari n'administre les biens dotaux qu'en
vertu d'une sorte de procuration contenue dans le contrat de
mariage, on se trouvera en présence d'un mandataire, char-
geant son mandant de gérer ses propres affaires.

On a tiré cependant dans le sens contraire un argument de
l'article 83, n° 6, du Code de procédure civile, qui range parmi
les causes communicables au ministère public les procès « des
» femmes... même autorisées, lorsqu'il s'agit de leur dot, et
» qu'elles sont mariées sous le régime dotal ». Il existe donc,
a-t-on dit, des procès où la femme peut figurer avec l'autorisation du mari.

Nous n'objecterons pas, comme on l'a fait, que l'article 83,
n° 6, du Code de procédure s'applique à la femme séparée de
biens. Ses termes sont en effet généraux ; mais l'article 83, n° 6
peut viser un cas particulier où c'est la femme qui agit avec
l'autorisation du mari, le cas du partage.

Il est donc certain pour nous que la femme ne peut, en principe, même avec l'autorisation du mari, administrer les biens
dotaux, et notamment intenter les actions pétitoires qui y sont
relatives (1). Le mari jouit sur ce point de pouvoirs exorbitants,

note 40, p. 337. — Laurent, t. 22, n° 70. — Lacoste, *Revue pratique*, 1883,
p. 739. — Colmet de Santerre, t. 6, n° 41 — Thaller, *Revue critique* 1882,
p. 589, n° 8. — Cass. req., 23 janvier 1881. S. 81. 1. 126.

(1) On a prétendu que l'article 1549 ne donne au mari le droit d'exercer seul
les actions pétitoires que dans les limites de l'usufruit qui lui est conféré.
Tessier. *De la dot.* t. 1, p. 36. — Proud'hon, *Traité de l'usufruit*, t. 3, n° 1234.
L'article 1549 est trop général pour que cette opinion puisse être admise.

bien supérieurs à ceux qui lui sont conférés sous les autres régimes, et il ne peut les déléguer à la femme (1). Celle-ci supporte vis-à-vis des tiers les conséquences de tous les actes régulièrement accomplis contre le mari, et ne peut qu'intenter contre celui-ci lors de la séparation de biens ou de la dissolution du mariage, une action en réparation du préjudice causé par sa négligence ou sa mauvaise foi.

Aussi n'est-il pas nécessaire que le tiers demande lors des actes qu'il passe avec le mari, l'assentiment de la femme ou exige sa mise en cause dans les procès qu'il soutient ; la femme est représentée par son mandataire, et par suite est réputée figurer au procès (2). Nous croyons même qu'elle ne jouit pas, lorsqu'elle est mal défendue par son mari, du droit de former tierce-opposition au jugement rendu contre elle (3). Cette voie de recours n'est accordée par l'article 474, du Code de procédure qu'aux personnes qui n'ont pas été appelées au procès qui leur préjudicie ; or la femme y a été appelée et y a figuré, puisqu'elle a été représentée par son mandataire.

A côté de l'administration, il faut placer la jouissance que la femme perd au profit du mari dès le jour du mariage. La raison de cette perte de jouissance est facile à déterminer ; c'est sur le mari que tombe le poids de l'entretien du ménage ; il est juste qu'il puisse s'approprier les revenus des biens dont il a l'administration, pour y subvenir. Le législateur aurait pu seu-

---

Aubry et Rau, t. 5, § 535, p. 546, note 6. — Rodière et Pont, t. 3, n° 1756. — Marcadé, sur l'article 1549, n° 1. — Guillouard, t. 4, n° 1784.

(1) Voy. en ce sens Marcadé sur l'article 1549, n° 2. Aubry et Rau, t. 5, § 535, p. 547, not. 9. Guillouard, t. 4, n° 1785. — Colmet de Santerre, t. 6, n° 221. — Bordeaux, 27 juillet 1857. S. 58. 2. 65. — Grenoble, 23 avril 1858. S. 58. 2. 397 ; Grenoble, 28 juillet 1865. S. 66. 2. 137 ; Grenoble, 16 décembre 1882. D. 83. 2. 247.

(2) Aubry et Rau, t. 5, § 535, p. 547, not. 11. Rodière et Pont, t. 3, n° 1760. Marcadé, sur l'article 1549, n° 2. Guillouard, t. 4, n° 1782.

(3) Guillouard, t. 4, n° 1783. — *Contra*, Aubry et Rau, t. 5, § 535, p. 547 texte. — Rodière et Pont, t. 3, n° 1760.

lement assigner une restriction à cette jouissance et la limiter à une part proportionnelle aux charges du mariage.

Ce droit de jouissance est en principe déterminé par les règles de l'usufruit ; c'est ainsi que le mari n'a pas droit aux coupes de bois de haute futaie (1), non aménagées avant le mariage (art. 591 et 592) ni aux mines et carrières qui ne sont pas en exploitation à ladite époque (art. 598) (2) ; c'est ainsi en un mot que les produits autres que les fruits restent à la femme (3).

Mais sur plusieurs points ce droit de jouissance diffère de l'usufruit.

D'abord quant au partage des fruits, à la dissolution du mariage, le législateur n'applique plus les règles ordinaires en ce qui concerne la dernière année. Aux termes de l'article 585 le mari n'aurait pas droit aux récoltes encore pendantes. L'article 1571, au contraire, traite les fruits naturels comme des fruits civils ; on doit en faire masse pour toute l'année et les répartir à proportion du temps que le régime dotal a duré (4).

En outre, le mari doit une indemnité à la femme pour les frais de labours et de semences faits, au moment de son entrée en jouissance sur les biens dotaux (5). L'article 585 décide, il est vrai, qu'il n'y a pas de récompense de part ni d'autre : c'est un forfait. Mais en matière de mariage, nous croyons impossible d'appliquer ce forfait : d'une part le mari ne peut être privé d'une indemnité en raison des dépenses qu'il a faites, car ce serait lui imposer une libéralité ; d'autre part et par une juste réciprocité, il doit rembourser les impenses dont il a profité.

_____

(1) Aubry et Rau, t. 5, § 535, p. 552, not. 26. — Rodière et Pont, t. 3, n° 1723. — Guillouard, t. 4, n° 1802. — Caen, 25 juin 1845. S. 46. 2. 301. — Pau, 8 fév. 1886. D. 86. 1. 1249.

(2) Guillouard, t. 4, n° 1803. — Cass., 27 octobre 1885 ; *France judiciaire*, 86. 2. 308.

(3) Guillouard, t. 4, n° 1804.

(4) Guillouard, t. 4, n° 1800.

(5) Aubry et Rau, t. 5, § 535, p. 552, not. 27. — Guillouard, t. 4, n° 1806. — *Contrà.* Colm. de Santerre, t. 6, n° 221 bis. — Laurent, t. 23, n° 480.

L'application de l'article 585 est d'ailleurs généralement repoussée en matière de communauté (1).

Une différence plus importante est que le droit de jouissance du mari ne peut être ni aliéné ni saisi par les créanciers du mari. (2) Sans cette solution, qui ne se trouve d'ailleurs écrite dans aucun texte, l'inaliénabilité n'atteindrait pas son but. Qu'arriverait-il si l'on décidait le contraire ? L'usufruit une fois aliéné, il n'y aurait d'autre moyen d'acquitter les charges du mariage qu'en obtenant de la justice l'autorisation de vendre une portion de la dot elle-même. Rien ne subsisterait plus du principe de l'inaliénabilité. Il faut ajouter que le mari obtient l'usufruit non pas dans son intérêt personnel mais dans l'intérêt du ménage, aux frais duquel il doit subvenir au moyen des revenus de la dot.

Nous ne dirons donc pas, comme M. Colmet de Santerre, que si l'usufruit du mari ne peut être saisi, c'est par application directe de l'article 1554, mais que c'est par une conséquence de sa destination.

Si ce dernier motif est exact, il doit nous conduire à décider que les revenus peuvent du moins être saisis ou cédés pour ce qui éventuellement excèdera les besoins du ménage (3). En effet l'excédant des revenus sera au mari ; celui-ci pourra

(1) Aubry et Rau, t. 5, § 507, p. 292, note 36 et § 522, p. 452, note 21. — Rodière et Pont, t. 1, n° 475 et t. 2, n° 31. — Marcadé, sur les articles 1401 à 1403, n° 6 et sur les articles 1493 et 1499, n° 2. — Laurent, t. 21, n° 248 et t. 23, n° 13, — Guillouard, t. 3, n° 1452. M. Beudant, à son cours. — *Contrà*, Bordeaux, 3 fév. 1873. S. 73. 2. 107. *Revue pratique*, t. 80, n° 310.

(2) Aubry et Rau, t. 5, § 535, p. 553, not. 32. — Marcadé, sur l'article 1554, n° 4. — Rodière et Pont, t. 3, n° 1714. — Colmet de Santerre, t. 6, n° 126 bis. — Mongin, *Revue critique*, 1886, p. 1 et suiv. — Guillouard, t. 4, n° 1817. — *Contrà*, Laurent, t. 23, n° 484.

(3) *Contrà*, Colmet de Santerre, *loc. cit.* — En ce sens, Aubry et Rau, *loc. cit.* not. 33. — Marcadé, *loc. cit.* — Guillouard, n° 1818. — Cass., 17 mars 1856. S. 56. 1. 515. — Cass., 14 août 1883. S. 86. 1. 5. — Bien entendu les revenus échus et définitivement entrés dans le patrimoine du mari sont à sa libre disposition et se trouvent d'une manière absolue, soumis aux poursuites de ses créanciers.

donc en disposer sans contrôle et ses créanciers pourront le saisir sans que la dot ait été détournée de son but. (1)

Signalons une dernière particularité de l'usufruit du mari : il ne donne pas l'obligation de fournir caution. (art. 1550).

Cette faveur, qui date du Droit romain et s'est maintenue dans l'ancien droit, a sans doute pour raison les ménagements nécessaires entre époux, et peut-être aussi la suffisance des garanties que les principes généraux accordent à la femme. Son hypothèque légale a dû paraître au législateur suffisante pour la prémunir contre les dilapidations du mari.

En pratique ce remède est incomplet ; le mari peut fort bien n'avoir pas d'immeubles ou en avoir d'une valeur trop faible pour protéger la femme contre ses dilapidations. Celle-ci a la faculté de demander la séparation de biens ; mais s'il ne lui plait pas de recourir à ce moyen radical de sauver sa dot, a-t-elle le droit d'exiger les garanties qu'elle n'a pas obtenues lors du mariage ?

Cette question ne paraît pas avoir été envisagée par les auteurs, mais l'affirmative ne nous paraît pas douteuse ; car les deux motifs que nous assignons à l'article 1550 font ici défaut : l'hypothèque légale ne protège plus la dot, et quant à la bonne harmonie qui doit régner entre les époux, si la demande d'une caution est de nature à la troubler, elle y porte à coup sûr, une atteinte beaucoup moins grande que l'action en séparation de biens.

On ne peut invoquer en sens contraire aucune considération d'ordre public : la dispense de caution édictée par la loi peut, personne ne le conteste, être détruite par une volonté contraire exprimée dans le contrat de mariage (2) ; le donateur d'un bien dotal, postérieurement même au mariage, peut imposer

_______________

(1) Nous aurons à nous occuper de nouveau des fruits et revenus de la dot à propos des engagements de la femme. V. *infrâ*, chap. 4.

(2) Guillouard, t. 4, n° 1812. — Aubry et Rau, t. 5, § 535, p, 553, texte.

au mari l'obligation de fournir une caution (1). Pourquoi un tribunal ne ferait-il pas, sur la demande de la femme autorisée par la justice, ce qui est permis aux parties et aux tiers ?.

Au point de vue des autres obligations imposées à l'usufruitier lors de son entrée en fonctions, la situation du mari ne présente rien de particulier. Il est, notamment, tenu de dresser inventaire des meubles et état des immeubles (art. 600).

Mais quelle est la sanction de ces diverses obligations, et qu'arrivera-t-il si le mari refuse de fournir ces garanties ou se trouve dans l'impossibilité de les fournir ?

L'application du Droit commun à cette question qui ne paraît pas encore avoir été étudiée nous paraît impossible. Comment empêcher avec l'article 600 le mari, qui ne dresse pas un inventaire, d'entrer en jouissance ? Il faudrait alors donner à la femme l'administration de ses biens dotaux — et nous montrerons que cela est impossible — ou la confier à un tiers et déroger ainsi aux droits du mari sans y être autorisé par un texte.

Quant au refus ou à l'impossibilité de fournir une caution, la sanction du Droit commun (art. 601) nous semble également devoir être écartée, car elle enlèverait au mari l'administration que lui attribue le contrat de mariage.

Ces diverses mesures n'ont, selon nous, qu'une sanction. C'est que la femme ou ses héritiers pourront, lorsqu'arrivera le moment de la restitution, prouver par tous les moyens, la consistance des biens dotaux : ils ont été en effet dans l'impossibilité morale de se procurer une preuve par écrit, et, d'un autre côté, le mari ne supportera de cette manière que les conséquences d'une faute qu'il aura commise. Aussi irons-nous jusqu'à autoriser la femme ou ses héritiers à se prévaloir de la commune renommée, moyen de preuve exceptionnel, mais qui n'a rien d'exorbitant dans l'espèce.

_______________

(1) Guillouard, *loc. cit.*

### § II. — Exceptions dérivant de la loi.

La loi admet trois hypothèses où les droits exclusifs du mari
sont mis en échec et où la femme est comprise dans une poursuite ou doit concourir à l'exercice d'une action. Ce sont
l'action en partage, la saisie immobilière, et l'expropriation
forcée pour cause d'utilité publique.

### a) *Action en partage.*

L'action en partage est évidemment une action pétitoire ;
elle concerne la propriété des biens qui sont indivis. Si donc on
appliquait l'article 1549, le mari aurait sans aucun doute qualité
pour l'intenter ou y défendre seul. Le partage judiciaire pourrait ainsi avoir lieu sans formalités et sans l'assistance de la
femme.

Quant au partage amiable, comme il intervient en dehors de
tout procès, on ne pourrait savoir à qui il appartient d'y procéder qu'en analysant son véritable caractère. Or, le partage
n'est pas autre chose qu'une aliénation ; chacun des copropriétaires indivis cède aux autres sa part sur certains objets en
échange de la part de ces copropriétaires sur d'autres objets
ou en échange d'une somme d'argent. Le partage est donc, au
fond, soit un échange, soit une vente.

Ceci admis, les droits du mari et de la femme ne seraient pas
difficiles à déterminer : le partage serait permis au mari, avec
le consentement de la femme (art. 1559), à condition que cette
dernière obtînt au moins les quatre cinquièmes de la part à
laquelle elle a droit, c'est-à-dire que la soulte n'excédât pas un
cinquième ; cette soulte serait employée comme dotale. En
dehors de cette circonstance, l'aliénation serait absolument interdite, car l'article 1558, qui permet la licitation de l'immeuble

dotal avec l'autorisation de justice, ne dit rien du partage.

Telles seraient les règles à adopter au moins pour les immeubles ; car nous ne verrons que plus tard, si les meubles sont également inaliénables. Cette théorie pourrait fort bien se soutenir en législation ; elle établit une distinction très rationnelle entre le partage judiciaire et le partage à l'amiable. Ce dernier a lieu sans aucune garantie contre la fraude ; rien n'empêcherait les parties de n'attribuer ostensiblement à la femme que des biens représentant une portion seulement de ses droits, ou de lui donner sa part en meubles plutôt qu'en immeubles, afin d'augmenter le droit de disposition du mari (1). Au contraire, le partage judiciaire s'opère sous la surveillance d'un juge (art. 822), l'estimation des immeubles et des meubles est faite par des experts et d'autres personnes compétentes (art. 824 et 825); enfin, après l'établissement de la liquidation par le notaire, (art. 828) les lots sont tirés au sort (art. 834). Aucune fraude n'est donc possible, et l'on comprend que pour les mineurs et les interdits la loi ait exigé un partage judiciaire.

En fait la situation générale de la femme mariée est différente : le mari procède seul au partage des biens qui tombent en communauté. A l'égard des objets qui ne tombent pas en communauté « le mari ne peut en provoquer le partage sans le concours de la femme, il peut seulement, s'il a le droit de jouir de ses biens, demander un partage provisionnel » (art. 818).

Appliquons cette disposition au régime dotal : aucune distinction n'étant faite entre le partage amiable et le partage judiciaire, le mari peut indifféremment procéder à l'un ou à l'autre, mais seulement avec le concours de la femme, qui lui fournit sur ce point un complément de pouvoirs. On peut exprimer exactement l'intention du législateur, en disant que le mandat d'administrer conféré au mari par le contrat de mariage n'a pas

_________

(1) Cet inconvénient serait à craindre même dans le système de l'inaliénabilité de la dot mobilière, tel que l'entend la jurisprudence.

paru suffisamment large pour embrasser l'action en partage et qu'une manifestation plus explicite de la part de la femme a, par suite, été jugée nécessaire. Le mari ne peut donc opérer seul qu'un partage de la jouissance des biens dotaux, acte qui ne peut aucunement nuire à la femme, puisque cette jouissance appartient au mari aussi longtemps qu'il a l'administration ; mais ce partage aura, comme son nom l'indique, un caractère essentiellement temporaire, et, aussitôt après la cessation de l'administration du mari, il appartiendra soit à la femme, soit même — selon nous (1) — aux autres copropriétaires, de provoquer un nouveau partage.

Le sens de l'article 818 n'est pas contesté d'une manière générale et ne pouvait pas l'être ; mais, en ce qui concerne le régime dotal, quelques auteurs (2) et un ancien arrêt (3) se sont inspirés d'arguments assez spécieux pour soutenir que l'action en partage appartient au mari seul et rentre dans ses pouvoirs généraux d'administration ; l'article 1549 lui permet, dit-on, d'intenter toutes les actions pétitoires sans aucune distinction, et il faut également l'autoriser à faire les actes qui en sont la conséquence, et, par suite, à procéder même au partage amiable.

Mais l'article 1549, même s'il était seul et si l'article 818 n'existait pas, ne conférerait pas au mari des pouvoirs aussi exorbitants. Le partage est au fond une aliénation, le mari ne pourrait donc y procéder que dans les conditions ordinaires, et on serait obligé d'accepter, si l'on écartait l'article 818,

---

(1) La controverse est ici possible : car des doutes se sont élevés sur le point de savoir si le partage émanant d'un incapable est considéré comme provisionnel à l'égard de ce dernier seulement ou de tous les copartageants. V. Aubry et Rau, t. IV, § 623, note 15, p. 540. — Laurent, t. 10, n° 284. — Angers, 27 août 1886. *Gaz. Trib.*, 6 déc. 1887. — Cass. civ., 30 novembre 1887, *Pandectes françaises*, 88. 1. 45. — Cass. civ., 5 décembre 1887, *Gaz. Trib.*, 17 décembre 1887.

(2) Troplong, t. 4, n° 318 et suiv.

(3) Aix, 9 janvier 1810. Sir chron, *à sa date*.

cette conclusion logique et inique, que le partage amiable serait dans certains cas, impossible.

En vain dit-on, pour éviter une solution qu'on sent impossible à admettre, que le partage amiable ne peut être assimilé à une aliénation et que l'effet déclaratif qui lui est assigné par la loi empêche de lui appliquer les règles de l'inaliénabilité dotale. C'est encore là un argument que nous n'avons pas à réfuter : la portée de l'effet déclaratif est très contestée ; l'opinion qui nous paraît la meilleure est celle qui ne l'admet que dans les rapports de chaque copartageant avec les ayants-cause des autres. Mais peu importe qu'on aille beaucoup plus loin et qu'on considère l'application de l'article 883 comme absolue. Tout le monde convient qu'il n'a, pas dans tous les cas, pour objet de trancher les questions de capacité ou de pouvoirs.

L'article 883 ne peut donc être d'aucun secours dans l'examen du point de savoir si l'article 818 doit être étendu au régime dotal, et l'on reste en présence d'un texte absolu que l'interprète n'a pas le droit de restreindre.

Quelle raison y aurait-il, d'ailleurs, de donner, en matière de partage, des pouvoirs particulièrement larges au mari, qui pourrait en user pour causer un grave préjudice à la femme ? Aucun argument d'analogie ne peut être tiré du droit qu'il a d'intenter les actions pétitoires ; l'exercice de ces actions ne peut certainement pas nuire autant à la femme que les fraudes dont l'usage est si facile dans le partage. Ce qui est surtout à remarquer c'est que, dans ce dernier acte, le mari a un intérêt opposé à celui de la femme, puisque le résultat le plus avantageux pour lui est d'augmenter la fortune mobilière de cette dernière aux dépens de son patrimoine immobilier.

Qu'importe, après cela, qu'au moment où l'article 818 a été décrété le régime dotal n'eût pas encore pris place dans le Code ? L'existence du régime dotal n'étant pas encore mise en jeu lors de la discussion du titre des successions, il est hors de doute que dans la pensée du législateur la disposition de l'article 818 s'appliquait à ce régime ; c'est plus tard seulement qu'on émit l'intention de le supprimer.

Enfin une tradition constante commande notre solution. En vain dit-on que, si en Droit romain (1) le mari ne pouvait intenter l'action en partage qu'avec l'assistance de la femme, cela tenait à ce que le partage constituait une aliénation ; nous avons montré que ce caractère, qui dérive de la nature des choses, n'a pu lui être retiré. On peut même tirer du Droit romain un argument *à fortiori* : n'y aurait-il pas quelque chose d'étrange, aujourd'hui que le mari n'est plus propriétaire de la dot, à lui accorder des pouvoirs plus grands qu'à une époque où en administrant la dot il gérait une portion de son propre patrimoine ? (2) La convention contraire est certainement permise dans le contrat de mariage qui peut conférer au mari le droit de procéder seul au partage (3) ; mais lorsqu'une clause de ce genre n'est pas intervenue, cette faculté ne doit pas lui être reconnue.

Ce que nous disions de la demande en partage s'applique également à la défense : le mari ne peut seul défendre à une action en partage. L'article 818 est sur ce point formel, quoiqu'un auteur (4) ait soutenu l'opinion contraire. « Les cohéritiers de » la femme ne peuvent provoquer le partage définitif qu'en » mettant en cause le mari et la femme ». Les règles sont

---

(1) L. 2. C. *De fundo dotali*, 5. 23.

(2) Voyez en ce sens, Tessier, *De la dot.* t. 2, note 838, et *Questions sur la dot*, nº 51 à 53. — Marcadé, sur l'article 818, nº 2 et sur l'article 1549, nº 3. — Rodière et Pont, t. 3, nº 1761. — Demante, *Cours de droit civil*, t. 3, nº 146 bis et Colmet de Santerre, t. 6, nº 221 bis. — Demolombe, *Traité des successions*, t. 8, nº 577. — Aubry et Rau, t. 5 § 535, p. 548, not. 12. — Laurent, t. 23, nº 476. — Guillouard, t. 4, nº 1787. — Cass. civ., 21 janv. 1846. S. 46. 1. 263. — Pau, 21 fév. 1861. S. 62. 2. 241. — Bordeaux, 30 mai 1871. S. 71. 2. 147.

(3) Guillouard, t. 4, nº 1789. — Grenoble, 18 janvier 1849. S. 1852. 2. 395.

(4) Marcadé, *loc. cit.*

donc les mêmes en cas de défense qu'en cas de demande (1).

La solution de la loi paraît ici encore facile à justifier, quoique le Droit romain ait admis le mari à défendre seul à l'action en partage (2) : les mêmes dangers sont, en effet, à redouter. Il est vrai, que lorsqu'il s'agit de la protection des incapables, la loi fait généralement une distinction entre la demande et la défense et que le tuteur, par exemple, défend seul à l'action en partage ; mais cette solution se justifie par le double motif qu'il est inutile d'exiger une autorisation que le conseil de famille ne pourrait pas refuser et qu'en outre, aucune fraude n'est à craindre de la part du tuteur. Au contraire, nous l'avons dit, l'intérêt du mari, dans le partage des biens dotaux, est absolument opposé à celui de la femme : il est indispensable que celle-ci assiste aux opérations du partage pour contrôler les conventions qui y sont passées. Si elle craint d'éprouver un préjudice quelconque, elle refusera son consentement et les propriétaires qui ont intenté l'action sortiront de l'indivision par la voie d'un partage judiciaire : la femme, d'une manière ou d'une autre, aura toutes les garanties.

Il est donc inutile d'invoquer comme on le fait généralement pour justifier la disposition de l'article 818, le caractère de *judicium duplex* qu'offre le partage. Il est aujourd'hui complètement faux de soutenir que chacun des copartageants soit à la fois demandeur et défendeur. Nous avons vu qu'au contraire le Code civil distingue généralement les deux situations. Cette idée de *judicium duplex* est invoquée d'autant plus à tort qu'en Droit romain, où elle était exacte, la défense n'en était pas moins soumise à des règles moins rigoureuses que la demande en partage des biens dotaux.

Nous avons déjà indiqué tout à l'heure que le partage des

_______

(1) Demolombe, *Traité des successions*, t. 4, n° 583. — Aubry et Rau, t. 5, § 535, p. 548, note 13. — Colmet de Santerre, *loc. cit.* — Guillouard, t. 4, n° 1788.

(2) L. 2. C. *De fundo dotali*, 5. 33.

biens dotaux peut être .fait indifféremment soit à l'amiable, soit judiciairement. Cette question est cependant gravement controversée, et elle touche d'assez près notre sujet pour être étudiée ici. C'est en effet dans le but de sauvegarder les droits de la femme que plusieurs auteurs exigent que le partage des biens dotaux soit fait judiciairement (1).

On tire en ce sens un argument très spécieux de l'article 838 qui exige la forme judiciaire pour le partage des biens appartenant pour partie à des mineurs ou à des interdits. La femme dotale n'est pas moins incapable que les personnes dont parle l'article 838 ; donc cette disposition, dit-on, doit s'appliquer aux biens dotaux. On avoue que les incapacités sont de droit étroit, mais on trouve entre les deux situations une analogie assez grande pour autoriser cette extension. Si, ajoute-t-on, l'article 838 ne parle pas des biens dotaux, c'est qu'on ne savait pas encore si le régime dotal serait adopté. Ce système ne nous paraît pas admissible ; l'objection est bien là où on l'a placée et elle nous semble décisive. S'il est un principe incontesté, c'est celui qui interdit d'étendre les dérogations. Or l'incapacité est une exception à l'ordre normal, qui est la capacité (art. 1123). En outre l'analogie entre la situation de la femme dotale et celle des mineurs et interdits n'est qu'apparente. La première est à la différence des autres, capable de se protéger elle-même. On sait que la femme mariée n'est incapable que si elle agit seule, et que, dans les cas où elle s'est munie de l'autorisation de son mari, elle est assimilée à un majeur ; cette règle ne supporte d'exception qu'en ce qui concerne non pas les biens dotaux en général, mais leur aliénation ; et nous avons vu que le Code n'a pas considéré l'action en partage comme une aliénation.

En vain tire-t-on un argument *à fortiori* de l'article 1558-6° qui ne permet la licitation qu'avec la permission de la justice. Il est vrai que le partage est, en un certain sens, plus dan-

<hr>

(1) Tessier, *De la dot*, t. 1, note 626. — Rodière et Pont, t. 3, n° 1857.

gereux que la licitation et présente plus de chances de lésion, puisque la mise aux enchères garantit dans ce dernier cas, qu'on retirera de l'immeuble sa véritable valeur. Mais d'un autre côté le partage n'attribue, — du moins c'est le cas ordinaire — aux héritiers que des valeurs de succession, tandis que la licitation leur donne, en échange de leurs droits sur l'objet aliéné, une somme d'argent qui n'en faisait pas partie ; la licitation même lorsqu'elle intervient au profit d'un copartageant, est donc une aliénation plus caractérisée que le partage (1).

## II. — *Expropriation forcée.*

L'expropriation forcée ou sur saisie immobilière est une aliénation puisqu'elle enlève la propriété ; et cela est tellement vrai que, d'après l'opinion généralement admise aujourd'hui, le propriétaire exproprié est garant envers l'adjudicataire de l'éviction et des vices de la chose (2). Mais il est évident que l'inaliénabilité dotale ne fait pas obstacle d'une manière absolue à l'expropriation forcée. Il existe certains cas où l'engagement de la femme peut-être poursuivi sur les biens dotaux et la saisie immobilière est alors, pour le créancier, le moyen normal d'obtenir la satisfaction à laquelle il a droit.

Dans cette hypothèse, si l'on suivait le principe de l'article 1549, la saisie serait faite sur le mari, administrateur des biens dotaux. Il n'en est pourtant rien : les poursuites doivent être dirigées conjointement contre le mari et contre la femme (3). Cette solution a été contestée (4), mais bien à tort. Car l'article

(1) Voy. en ce sens Troplong, t. 4, n° 3112. — Demolombe, *Successions*, t. 4, no 606. — Guillouard, t. 4, n° 1866. — Cass. Req. 31 janvier, 1859. S. 1860. 1. 351.

(2) Voy. Aubry et Rau, t. 4, § 355, p. 375, note 21 et 22, et les autorités citées.

(3) Tessier, *De la dot*, t. 2, p. 151. — Rodière et Pont, t. 3, n° 1761, — Aubry et Rau, t. 5, § 535, p. 549, note 14 et t. 8, § 778, p. 472, not, 68. — Guillouard, t. 4, n° 1791. — Pont, *Traité de l'expr. forcée*, n° 37.

(4) Troplong, t. 4, n° 3116.

2208 dit formellement que l'expropriation, « pour les immeu-
» bles qui ne sont point entrés en communauté, se poursuit
» contre le mari et la femme, laquelle, au refus du mari de
» procéder avec elle ou si le mari est mineur peut être autori-
» sée en justice ». Les pouvoirs exorbitants du mari sous le
régime dotal justifieraient, il est vrai, une dérogation à cette
règle ; mais cette dérogation aurait besoin d'un texte sur
laquelle on pût l'établir.

Aussi la femme n'a-t-elle pas à s'inquiéter de l'expropriation
poursuivie sur le mari seul ; la saisie, eût-elle lieu en vertu d'un
titre autorisant l'expropriation, est nulle, et la femme pourra
revendiquer l'immeuble dotal entre les mains de l'adjudicataire (1). Mais elle ne peut demander la distraction des biens
indûment saisis, puisqu'elle intenterait ainsi une action dotale,
dont le mari a l'exercice ; ce dernier seul peut opposer la nullité de la procédure, de même qu'il peut seul exiger la distraction des biens dotaux saisis à tort pour une dette contractée soit
par lui soit par la femme et qui n'est pas exécutoire sur cette
sorte de biens.

Une grave difficulté s'est cependant élevée sur ce dernier
point : si la poursuite est faite à la fois, (conformément à l'art.
2208) sur le mari et sur la femme, mais que les immeubles
do'aux aient été saisis indûment pour une dette dont ils ne
répondaient pas, la Cour de cassation prétend que la femme
peut et, par suite, doit opposer la nullité de la saisie concurremment avec le mari (2). Sans doute, dit-elle, la femme n'a pas
l'exercice de ses actions dotales ; mais on ne peut cependant,
sans tomber dans une iniquité flagrante, lui refuser le droit
de se défendre quand elle est mise en cause.

(1) Aubry et Rau, t. 5, § 536, p. 555, not. 6. — Guillouard, t. 4, n° 1823. —
Bordeaux, 29 juillet 1857. S. 58. 2. 65. Cette revendication n'est évidemment
possible de la part de la femme elle-même que lorsqu'elle recouvre ses actions ; jusqu'alors c'est le mari qui agit en son nom.

(2) Dans ce sens, Aubry et Rau, t. 5, § 536, p. 555, not. 4. — Guillouard,
t. 4, n° 1823.

Cette opinion méconnaît le rôle absolument passif que joue la femme, au point de vue de l'administration de ses biens dotaux, avant la séparation de biens. C'est au mari qu'il appartient non pas seulement d'intenter toutes les actions relatives aux biens dotaux, mais d'accomplir sur eux tous les actes d'administration. Ce droit est exclusif autant qu'il est absolu, et la femme ne peut le réduire par ses empiétements.

On dit que cette solution est inique ; elle ne l'est pas plus que la faculté dérivant pour le mari de son droit d'administration de dégrader les biens dotaux, de les laisser en friche, de les détruire. La loi a pensé que l'hypothèque légale garantirait suffisamment la femme contre les abus d'administration du mari ; d'ailleurs le droit que nous lui réservons de revendiquer l'immeuble sera presque toujours très efficace.

Au contraire dans le système que nous combattons la femme en est trop souvent réduite au recours que lui donne la loi contre le mari qui a négligé de faire reconnaître la dotalité du bien saisi. D'abord, et ceci nous l'admettons aussi, elle est dépourvue de tout droit contre le tiers qui se rend adjudicataire du bien saisi sur elle, si le bien est un meuble ; le tiers est protégé alors par la présomption de propriété ou la prescription instantanée de l'article 2279 (1).

Il faut ajouter que si c'est un immeuble on appliquera l'article 728 du Code de procédure qui exige que les moyens de nullité tant en la forme qu'au fond contre la procédure qui précède la publication du cahier des charges, soient proposés 3 jours au plus tard avant cette publication (2). La femme sera donc déchue du droit de revendiquer l'immeuble lorsque, ayant été

(1) Aubry et Rau, *loc. cit.*, not. 5. — Guillouard, t. 4, n° 1823.

(2) Aubry et Rau, t. 5, § 536, p. 555, note 5 et § 538, p. 610, note 19. — Demolombe, *Revue critique*, t. 1, p. 148. — Guillouard, t. 4, n°ˢ 1823 et 2090. — Planiol, *Revue critique* 1886, p. 613. — Cass. req., 13 janv. 1862. S. 62. 1. 179. — Cass. req., 21 janvier 1867. S. 67. 1. 400. — Cass. req., 9 mars 1870. S. 70. 1. 285. — Cass. civ., 21 mai 1883. S. 85. 1. 493. — *Contrà*, Agen, 15 déc. 1851. S. 52. 2. 365. — Poitiers, 20 juillet 1852. S. 52. 2. 619.

poursuivie en même temps que son mari, elle n'aura pas fait valoir l'exception de dotalité dans ces délais rigoureux.

Cette solution est nécessairement admise par tous les partisans de la doctrine que nous repoussons : l'article 728 est fondé sur des motifs d'ordre public — (le désir d'assurer la stabilité des adjudications) qui interdisent toute distinction. Or l'article 728 parle des nullités tant en la forme *qu'au fond*. Il s'appliquerait donc au moyen de nullité au fond tiré de ce que l'immeuble est dotal, si, comme on le dit, — la femme avait à se défendre quand elle est mise en cause dans la saisie indue d'un immeuble dotal. Cette application inévitable de l'article 728 rend bien plus préjudiciable que la nôtre aux intérêts de la femme la théorie de la Cour de cassation.

Ajoutons que la décision de la jurisprudence constitue un moyen trop commode de détruire l'inaliénabilité : rien ne sera plus facile aux époux qui désirent vendre un bien dotal que de s'adresser à un créancier complaisant, fictif même. Celui-ci poursuivra l'expropriation sur les deux époux, qui se garderont de réclamer, et seront frappés d'une déchéance qu'ils auront provoquée.

Nous en concluons que l'expropriation indûment faite laisse dans tous les cas subsister à la fois la propriété de la femme et la dotalité de l'immeuble.

La jurisprudence permet au moins (1) à la femme, même après l'adjudication de son immeuble et tant que le prix n'en a pas été payé, de demander à ce que ce prix lui soit attribué, lorsque l'expropriation a été poursuivie sur les deux époux pour l'exécution d'obligations non exécutoires sur les biens dotaux.

Cette transaction approuvée par les auteurs (2) est peut-être incorrecte : c'est une déchéance absolue qu'édicte l'article 728

______

(1) Cass. Req. 21 janv. 1856. S. 56. 1. 329.
(2) Aubry et Rau, t, 5, § 538, note 20, p. 610. — Guillouard, t. 4, n° 2090.

et, si cette disposition paraît applicable au cas que nous avons prévu, elle l'est sans distinction.

D'ailleurs la Cour de cassation néglige de dire ce que devient le prix ainsi repris par la femme. Sera-t-il dotal ou non ? L'affirmative serait équitable puisqu'il provient d'un immeuble dotal. La négative est plus juridique puisque la dot ne peut se transformer pendant le mariage ; en admettant même que la somme attribuée à la femme soit dotale, il en sera autrement des immeubles que cette somme pourra servir à acheter ; car les immeubles acquis avec les deniers dotaux ne sont pas dotaux. Enfin, rien n'obligeant les époux à faire emploi de ces derniers, ils pourront fort bien être dissipés, de sorte qu'en dernière analyse le correctif apporté par la jurisprudence à sa théorie ne sauve pas la dot.

### III. — *Expropriation pour cause d'utilité publique.*

L'expropriation pour cause d'utilité publique est encore une hypothèse où le principe de l'inaliénabilité subit un échec. C'est contre l'administrateur de la dot que l'action devrait être intentée. L'article 25 de la loi du 25 mai 1841 en décidant que les offres doivent être acceptées par la femme dotale autorisée du mari contient une disposition implicitement contraire (1); de même l'action, en règlement de l'indemnité est dirigée à la fois contre le mari et la femme. Le prix sera dotal par argument de l'article 1558 qui donne cette solution pour les prix des ventes nécessaires qui dépassent la somme dont les époux avaient besoin (2). On peut, en outre, s'appuyer sur l'article 13 de la loi du 13 mai 1841, aux termes duquel le tribunal, dans le cas de cession amiable de biens dotaux, ordonne les mesures de remploi nécessaires.

(1) Aubry et Rau, t. 5, § 535, p. 549, not. 15 et § 537, page 561, not. 18. — Guillouard, t. 4, nᵒ 1792 et 1870.

(2) Aubry et Rau, t. 5, § 534, p. 542, note 34. — Guillouard, t. 4, nᵒ 1756.

## § III. — Exceptions dérivant de la convention.

L'article 1549, § 3, est ainsi conçu. « Cependant il peut être
» convenu, par le contrat de mariage, que la femme touchera
» annuellement sur ses seules quittances, une partie de ses
» revenus pour son entretien et ses besoins personnels ».

Nous croyons même que cette autorisation, laquelle ne saurait être donnée pendant le mariage, car elle dérogerait à l'im-
mutabilité des conventions matrimoniales, est susceptible d'être
étendue à tous les revenus. L'article 1549 ne fixe pas en effet la
quotité que la femme peut être admise à toucher, il faut donc
admettre que la clause à laquelle cette disposition fait allusion
peut être étendue à la portion la plus considérable des biens
dotaux et même à la totalité.

Mais qu'arrivera-t-il si la femme ne consacre pas les revenus
qu'elle aura touchés à la destination exigée par l'article 1549 ?
Il est clair qu'un remède doit être apporté à cette situation ;
car si la femme dissipe ses revenus ou les emploie à des acqui-
sitions malheureuses, c'est sur le mari que retombera la charge
de subvenir aux besoins de la femme, et les dispositions du
contrat de mariage ne seront pas exécutées. Nous croyons que
le tribunal peut nommer un séquestre, — et rien n'empêche
que ce séquestre soit le mari, — pour toucher les revenus et
les employer suivant les prescriptions du contrat de mariage.
On admet en effet, que les termes de l'article 1961 ne sont pas
limitatifs, et que la justice peut ordonner le séquestre en dehors
des cas prévus par cet article (1).

Il est bien entendu que la femme ne touchera ses revenus
que déduction faite des charges périodiques qui pèsent sur la
propriété, et notamment des impôts et des dépenses d'entre-

(1) Quant aux actes par lesquels la femme dispose de revenus non échus,
ils sont nuls. — V. *infra,* ch. 5.

tien. C'est en effet le produit net que le mari touchait comme usufruitier et qu'il devait consacrer aux besoins du ménage ; et la femme ne fait que se substituer à lui par la clause que prévoit l'article 1549, § 3 (1).

La question la plus importante que soulève l'article 1549, § 3, est celle de savoir si la femme, lorsqu'elle s'est réservé la perception de ses revenus, a l'administration des biens qui les produisent. L'affirmative ne paraît pas douteuse au seul auteur qui s'occupe de cette question (2); nous préférons, pour notre part, adopter la négative : l'article 1549, § 3 suit immédiatement la disposition qui donne au mari la jouissance des biens de la femme et non pas celle qui lui en confère l'administration; il est précédé du mot cependant, qui indique une exception au paragraphe qui précède.

D'ailleurs on conçoit fort bien qu'une personne touche les revenus de biens qu'elle n'administre pas. C'est ainsi que fréquemment un débiteur délègue à son créancier les fruits -de ses biens. L'article 1549, § 3, concerne donc la jouissance, et, comme il constitue une exception aux pouvoirs généraux du mari, il ne peut être étendu.

Est-ce à dire qu'il ne puisse être convenu par une stipulation que la femme administrera tout ou partie de ses biens dotaux ? Nous ne voulons pas soutenir que l'article 1549, à lui seul, suffise pour commander, sur cette question, une solution négative. Tout ce que nous prétendons, c'est qu'il ne peut servir d'argument à la doctrine contraire. Cette dernière opinion n'a d'ailleurs jamais invoqué l'article 1549, § 3. Mais il faut convenir qu'elle en aurait eu le droit, si cette disposition avait autorisé l'administration de la femme pour le cas qu'elle prévoit : en

____

(1) Guillouard, t. 4, n° 1813. — Cass., Req., 1er juin 1874. S. 74. 1. 367.

(2) Guillouard, t. 4, n° 1809. La jurisprudence paraît également considérer cette solution comme évidente ; elle résulte implicitement de décisions qui ne permettent pas certains actes excédant l'administration. Aix, 5 mars 1884. S. 84. 2. 219. — Req. 2 juillet 1885. S. 85. 1. 420.

permettant à celle-ci de se réserver sur une partie de ses biens
le pouvoir conféré au mari par la loi, l'article 1549 aurait par
là même reconnu la validité de la même clause relativement à
tous les biens.

La question reste donc entière : la femme peut-elle, par son
contrat de mariage, se réserver l'administration de ses biens
dotaux, c'est-à-dire de son patrimoine inaliénable ou pour exprimer cette idée sous une autre forme, a-t-elle le droit de rendre inaliénables les biens administrés par elle? Cette double
manière de formuler la question montre que la clause dont nous
parlons équivaut à la combinaison des régimes auxquels sont
soumises les deux catégories des biens appartenant à la femme
de droit commun : les biens dotaux sont inaliénables et administrés par le mari, les paraphernaux sont administrés par la
femme et aliénables ; nous aurions ici une troisième espèce
de biens soustraits à l'administration du mari et cependant
inaliénables.

La jurisprudence n'a eu qu'assez récemment l'occasion d'examiner la validité de cette clause, et la Cour de cassation a reconnu qu'elle ne présentait rien de contraire à l'ordre public. (1)
Cette solution a suscité en doctrine de vives discussions ; la
plupart des auteurs l'ont approuvée (2). Nous préférons nous
ranger du côté de ceux qui la combattent (3). Nous ne nous
appuyerons pas pour le soutenir comme on l'a fait, sur la prohibition contenue dans l'article 1388, de déroger aux droits du
mari comme chef. Nous pensons, en effet, que cette disposition ne fait pas allusion aux pouvoirs du mari sur les propres de la femme, car ces pouvoirs ne dérivent pas de la loi et
ne peuvent résulter que d'une convention qui fait du mari le

(1) Cass. civ. 17. février 1886. S. 86. 1. 161.
(2) Rodière et Pont, t. 1, n° 170. — Labbé, *Revue critique* 1887, p. 443. —
Challamel, *Revue critique* 1880, p. 3. — Guillouard, t. 4, n°ˢ 1700 et 1794.
(3) Lyon-Caen, note S. 86. 1. 161. — Jouitou, n° 30 — Voy. aussi Aubry et
Rau, t. 5, § 505, p. 549, note 16.

mandataire de la femme ; l'artice 1388 en édictant cette prohibition s'est placé uniquement selon nous en face du régime de la communauté, et a voulu dire que l'administration des biens communs ne peut être confiée à la femme.

L'article 1388 n'a donc rien à faire dans la question ; mais il reste vrai que toute clause contraire à l'ordre public est interdite dans le contrat de mariage. Or il n'est pas difficile de montrer que la convention dont nous parlons, blesse, au premier chef, l'ordre public.

L'inaliénabilité est une situation exceptionnelle, contraire à tous les principes, qui n'a été admise qu'à regret et que les rédacteurs du code ont considérée d'un œil peu favorable. Il n'est pas possible d'admettre que cette indisponibilité d'un patrimoine, permise dans une situation unique, puisse être étendue à une autre situation.

Dans quelle voie s'arrêterait-on, d'ailleurs, si on considérait comme valable la clause d'inaliénabilité des biens administrés par la femme? Pourquoi ne permettrait-on pas de stipuler l'inaliénabilité des biens communs sous le régime de la communauté ? Cette clause ne présenterait certainement pas plus de dangers que la précédente, et elle aurait, aussi bien qu'elle, pour résultat la sauvegarde des intérêts de la femme. Et pourquoi n'irait-on pas jusqu'à permettre l'inaliénabilité des biens du mari ? Déjà la jurisprudence s'est laissé entraîner assez loin dans cette voie ; et elle a récemment validé la clause qui interdit l'aliénation d'immeubles indivis entre le mari et la femme et constituant la fortune unique des deux époux.

C'est donc à tort que la Cour de cassation invoque la liberté des conventions matrimoniales. Cette liberté n'est pas sans restrictions : les articles 1387 à 1390 prennent soin d'en énumérer un certain nombre, et tout le monde convient que les clauses contraires à l'ordre public, quoique non mentionnées dans ces articles, ne peuvent être insérées dans le contrat de mariage. L'article 6 est, au besoin, un texte assez général pour que cette solution ne puisse pas faire de doute, or nous venons de montrer que la clause dont nous parlons est contraire à l'ordre public, par cela seul qu'elle étend une situation exceptionnelle et opposée elle-même à l'ordre public.

L'article 1388 ne dit-il pas également que les époux ne peuvent déroger aux *dispositions prohibitives du présent Code*? Or les termes mêmes dans lesquels l'article 1540 confère l'administration des biens dotaux au mari indiquent que cette disposition interdit la clause qui confère cette administration à la femme : « Le mari *seul* a l'administration » non seulement donc l'administration du mari a lieu sans le concours de la femme mais ce concours, et à plus forte raison le droit exclusif de la femme ne peuvent pas être réservés.

Qu'importe, après cela, que le Code autorise d'une manière générale la combinaison des divers régimes? Cette objection qui a été faite par plusieurs auteurs, se réduit à une pétition de principe. Sans doute cette combinaison est permise ; mais c'est à la condition, nul n'en disconvient, qu'elle ne heurte aucun principe d'ordre public.

La société d'acquêts nous offre l'un des exemples les plus intéressants de ces sortes de combinaisons. Mais pourra-t-on, par le contrat de mariage qui la stipule, décider que la femme n'aura pas le droit de renoncer à cette société, sous le prétexte qu'il en est ainsi du régime dotal? Évidemment non, parce qu'il est contraire à l'ordre public que la femme abdique d'avance le droit de renoncer à une communauté quelle qu'elle soit.

Pour répondre à l'argument que nous tirons de l'ordre public, quelques auteurs s'emparent d'une autre situation, celle de la femme dotale qui a obtenu la séparation de biens. Nous verrons que, dans ce cas les biens dotaux restent inaliénables, et que cependant la femme en a l'administration. Il n'existe, dit-on, aucune raison de ne pas permettre immédiatement ce qui peut avoir lieu dans la suite.

La Cour de cassation n'a pas plus invoqué cet argument que

le précédent, et, en effet, il n'est pas plus sérieux. Nous pouvons d'abord y répondre qu'une situation exceptionnelle ne souffre pas d'extension. Nous pouvons ajouter que le maintien de l'inaliénabilité après la séparation se justifie beaucoup mieux qu'un régime de séparation conventionnelle avec inaliénabilité. Supposons, en effet, que la séparation judiciaire eût détruit l'inaliénabilité : que serait-il arrivé ? C'est que très fréquemment, les époux se seraient entendus et auraient simulé une mauvaise administration pour arriver indirectement à l'aliénabilité des biens dotaux. On sait combien il est fréquent aujourd'hui de voir des séparations de biens prononcées sans aucune raison sérieuse, pour frauder les créanciers du mari. L'examen, dans lequel entrent les tribunaux, des droits accordés aux créanciers par les articles 1446 et 1447 ne peut guère empêcher cette situation. De même, le mari qui voudrait employer à ses spéculations, les biens de la femme déciderait celle-ci à demander la séparation. Les biens, deviendraient ainsi libres et les garanties que la loi autorise disparaîtraient. C'est en prévision de ce résultat, qu'il a été décidé que la séparation judiciaire laisserait subsister l'inaliénabilité. Il faut ajouter que la femme qui a obtenu cette séparation est mûrie par l'expérience; elle a eu sous les yeux l'administration malheureuse du mari et a dû se promettre de ne pas tomber dans les mêmes fautes. Au contraire, la femme séparée par contrat de mariage, n'a, en général aucune notion des affaires ; tantôt elle se laisserait guider par son mari, tantôt elle entrerait, pour lui résister, dans des discussions fâcheuses. N'est-il pas plus simple que le mari conserve une administration dont il ne peut pas abuser, et dont les excès comportent un remède : la séparation judiciaire, — et un préservatif : l'inaliénabilité ?

Enfin on avouera qu'il y aurait quelque chose de bizarre à permettre sous l'empire de notre droit une clause dont ni le Droit romain ni le droit écrit ne contiennent aucune trace et qui, comme extension de l'inaliénabilité, y était très probablement interdite. L'inaliénabilité dotale était alors d'ordre public, et aujourd'hui qu'on peut l'écarter par une clause contraire, on pourrait l'étendre à une hypothèse pour laquelle elle n'a pas été faite !

· Nous allons plus loin, et nous ne permettrons pas à la femme de se réserver l'administration de ses biens dotaux, même si ces biens sont, par le contrat de mariage, déclarés aliénables (1).

Nous convenons que la plupart des arguments qui précèdent nous font ici défaut ; mais il reste certain que le régime dotal, même dépourvu de l'inaliénabilité, est soumis à des règles spéciales. Sans doute, sous le régime exclusif de communauté, qui de même que le régime dotal, confère au mari l'administration des biens de la femme, la femme peut se réserver cette administration, mais pourquoi ? C'est qu'il en résulterait un véritable régime de séparation de biens mal qualifié, et que ce régime est autorisé par la loi. La clause que nous étudions fera bien naître aussi un régime de séparation de biens, mais avec des caractères spéciaux que la loi attache exclusivement au régime dotal notamment avec l'application des articles 1569 et 1570 (2).

· La nullité de ces clauses une fois reconnue, quel sera leur sort ? La solution la plus simple serait de les supprimer purement et simplement, et de décider que les époux, sont, par suite de la nullité de leur contrat de mariage censés s'être mariés sans convention et sont soumis à la communauté légale, conformément à l'article 1393.

Ce résultat serait évidemment contraire à la volonté des époux ; il appliquerait en outre l'article 1393 à une situation qui est complètement en dehors de cette disposition. L'arti-

---

(1) *Sic.*, Lyon-Caen. *loc. cit.*

(2) Nous nous plaçons dans le système qui refuse d'étendre ces dispositions aux autres régimes, système qui nous paraît exact, quoiqu'il soit fortement combattu.

cle 1393, si on l'étend à l'hypothèse où le contrat de mariage est nul, n'a pas dans tous les cas, trait à celle où une clause seule est frappée de nullité.

Il faut donc reconnaître ou que les biens stipulés dotaux avec administration de la femme seront dotaux et administrés par le mari ou qu'ils seront paraphernaux et administrés par la femme. Ce qui fait la difficulté c'est que, comme nous l'avons dit, les époux ont fait une combinaison entre deux régimes de biens, et qu'il n'existe à première vue aucune raison pour faire prédominer l'un ou l'autre. Il ne suffirait pas de dire, pour rendre les biens paraphernaux, que la dotalité est une exception. Car la paraphernalité, elle aussi, est une exception, étant donné que le seul régime de droit commun est celui de la communauté. La seule condition spéciale à la dotalité c'est qu'elle a besoin d'être stipulée expressément ; et c'est ce qui a eu lieu dans l'espèce.

Comme il s'agit d'une question d'interprétation, nous croyons que le juge du fonds sera libre de décider comme il lui plaira. Mais nous distinguerions assez volontiers entre les deux clauses dont nous avons parlé.

Si les biens soumis à l'administration de la femme ont été stipulés inaliénables, il est a présumer que c'est le caractère d'inaliénabilité que les époux ont eu, avant tout en vue et qu'ils y ont attaché plus d'importance qu'au point de savoir a qui serait confié l'administration. Cette dernière question présente, en effet, un intérêt beaucoup moins grand (1).

Dans le cas, au contraire, où les biens sont simplement dotaux, c'est la dotalité qui, selon nous doit disparaître, et l'administration de la femme doit être admise. Il est, en effet, beaucoup plus important pour celle-ci de gérer ses biens que de les voir soumis au petit nombre de règles spéciales qui, à part

(1) Sic, note, D. 86. 1. 249. — *Contra*, Cass. civ. 2 mars 1837. S. 37. 1. 193. (Qu'on interprète généralement, mais à tort, comme admettant la validité des clauses que nous combattons.)

l'administration, séparent les biens dotaux des paraphernaux.

En résumé, l'administration du mari est d'ordre public, et la femme ne peut se la réserver. L'article 1549, § 3, décide autrement pour la jouissance ; mais comme la jouissance est un accessoire de l'administration cette dérogation ne doit pas s'étendre.

Aussi pensons nous que la femme ne peut se réserver le droit de toucher des capitaux dotaux. La dérogation aux droits du mari serait ici beaucoup plus importante et son administration singulièrement entravée. La jurisprudence est cependant contraire et se montre d'accord avec sa théorie sur l'administration ; il est certain qu'il n'existe pas plus de raison de défendre à la femme de toucher ses capitaux que de lui interdire l'administration de ses biens (1). Aussi lui permet-on même de s'arroger, par son contrat de mariage le droit de faire elle-même emploi des capitaux touchés (2).

Quoi qu'il en soit, la clause permise par l'article 1549, § 3, si grande que soit l'extension qu'on lui donne, n'empêche pas le bien d'être dotal et ne lui enlève pas les caractères que lui assigne la loi à raison de cette qualité ; il en est ainsi également de la clause qui confère à la femme l'administration de ses biens dotaux, si l'on admet, avec la jurisprudence, la validité de cette clause. Ces biens, notamment, ne seront pas saisissables (3) ; de même, la femme ne pourra en aliéner d'avance les revenus. Nous verrons plus tard, quel est l'effet des engagements contractés par la femme sur ses biens dotaux après la séparation de biens, et la solution qui sera alors donnée devra s'appliquer au cas qui nous occupe ; la femme qui a l'adminis-

---

(1) Guillouard, t. 4, n° 1796. Cet auteur s'appuie sur le motif que le mari n'éprouve aucun préjudice, puisqu'il conserve l'administration des biens dotaux.

(2) Guillouard, *Loc. cit.* — Rouen, 29 février 1856, S. 57. 2. 734. — Cass. 13 novembre 1876. S. 77. 1. 145.

(3) Guillouard, t. 4, n° 1795. — Poitiers, 14 février 1882. D. 85. 2. 145.

tration de ses biens est dans la même situation et a sur eux
les mêmes pouvoirs que si la séparation judiciaire était prononcée (1).


## Section II. — Administration et jouissance après la séparation de biens ou de corps.


Nous n'avons pas à rappeler les faits sur lesquels la femme
est en droit de s'appuyer pour obtenir la séparation de biens ou
de corps pour la séparation de corps, nous renvoyons à l'article 306. Quant à la séparation de biens, l'article 1443, on le
sait, exige que la dot soit mise en péril ou que les affaires du
mari donnent à craindre que ses biens ne soient pas suffisants
pour remplir les droits et reprises de la femme. La jurisprudence va plus loin et accueille la demande en séparation même
si la femme n'a pas eu de dot, même si elle n'a pas actuellement
de biens, même si elle n'a aucun espoir d'en recueillir un jour,
pourvu qu'elle exerce un métier ou une industrie. D'un autre
côté, elle admet encore la demande lorsque les affaires du mari
ne mettent pas actuellement en péril la fortune de la femme
mais que ce danger peut se produire ultérieurement.

A ce point de vue, la séparation judiciaire ou la séparation de
corps sous le régime dotal suivent évidemment les règles générales.

(1) Guillouard, t. 4, n° 1795. — Aix, 5 mai 1884. S. 84. 2. 219. — Req.,
2 juillet 1885. S. 1885. 1. 420. Toutefois l'arrêt précité du 17 février 1886
admet que les biens dotaux administrés par la femme en vertu du contrat de
mariage, sont imprescriptibles jusqu'à la séparation de biens. Cette décision
a été critiquée avec raison (Lyon-Caen. S. 86. 1. 161.) : L'article 1561, qui
fait courir la prescription à partir de la séparation de biens est fondé sur
ce que la femme recouvre alors l'exercice des actions dotales, il faut donc
reconnaître que la prescription n'est pas interrompue par le mariage lorsque
la femme a immédiatement cet exercice.

Il en est de même des effets et on peut appliquer, en principe l'article 1449 § 1 au régime dotal : « La femme séparée soit de » corps ou de biens, soit de biens seulement, en reprend la li- » bre administration ».

On voit que ce texte ne modifie que l'administration de la femme et n'a pas trait à l'aliénation ; celle-ci est réglée par la suite du même article, mais, nous verrons que cette disposition ne s'applique pas au régime dotal et que l'inaliénabilité persiste ; nous nous occuperons également plus tard des engagements contractés par la femme séparée de biens.

Quant à l'article 1449, § 1, malgré son application absolue au régime dotal, il appelle cependant quelques observations.

D'abord la femme n'acquiert de droits nouveaux que sur les biens dotaux et non pas sur les paraphernaux. Ceux-ci étant déjà confiés à son administration restent soumis au même régime après la séparation, puisque la femme était déjà mariée, en ce qui les concernait, sous un régime de séparation conventionnelle. Disons-en autant des biens dotaux que la femme, conformément à la clause validée par la jurisprudence, gérait dès avant la séparation de biens.

La séparation ne produit donc d'effet que pour les biens que l'adoption du régime dotal avait soumis à l'administration du mari ; et cependant, ici encore, le Droit commun souffre certaines modifications.

Quelle est la nature de l'administration conférée à la femme ? Celle qu'avait le mari. C'est ce qui résulte des expressions employées par l'article 1449 : « La femme reprend l'administration ». Elle ne fait donc que se substituer au mari et obtient les droits qui lui étaient conférés avant la séparation.

Toutefois, nous avons déjà dit que le mari a sous le régime dotal, des pouvoirs plus larges que sous les autres régimes ; or, nous croyons, — la question ne s'est pas encore présentée, — que la femme ne peut pas exercer seule les actions pétitoires. La solution contraire est extrêmement dangereuse, elle peut aboutir indirectement à une aliénation. Cette considération n'a pas, il est vrai, empêché le législateur de conférer au mari l'exercice des actions pétitoires ; et pourtant elles sont bien plus en danger entre ses mains que dans celles de la femme, puisque le mari est moins intéressé à défendre des intérêts qui ne sont qu'en partie les siens. Mais c'est là une dérogation qu'on ne saurait étendre.

Du reste, la femme dotale a besoin, en cas de séparation de biens, de l'autorisation du mari ou de la justice dans les mêmes cas que la femme mariée sous tout autre régime (1). Elle ne pourra, par exemple, intenter seule une action en partage ou y défendre.

Trois questions ont donné lieu à de sérieuses difficultés : La femme peut-elle aliéner sa dot mobilière ? Peut-elle figurer au concordat qui suit la faillite de son mari ? peut-elle enfin obtenir le remboursement de ses reprises et de ses capitaux dotaux sans être tenue d'en faire emploi ? Nous ne dirons rien, pour le moment, de la première question, dont l'examen entre dans le chapitre suivant.

On admet généralement, au sujet de la seconde question, que la femme peut concourir au concordat qui suit la faillite du mari, à condition toutefois, « qu'il n'y ait pas matière à l'exer-» cice de l'hypothèque légale (2) ». Il faut, en d'autres termes, ou que le mari n'ait pas d'immeubles, ou que, ces immeubles étant absorbés par des privilèges ou des hypothèques préférables à l'hypothèque de la femme, celle-ci en soit réduite à exercer ses reprises sur le mobilier. Participer à la délibération qui approuve un concordat c'est, dit-on, faire un simple acte d'administration. La femme pourrait de même participer au concordat qui suivrait la faillite de l'un de ses débiteurs ordinaires.

Si, au contraire, il existe dans le patrimoine du mari des

---

(1) Aubry et Rau, t. 5, § 539, p. 622.
(2) Aubry et Rau, t. 5, § 539, p. 621, note 15. — Guillouard, t. 4, n° 1207.

immeubles, la femme ne peut évidemment renoncer à son hypothèque légale, car ce serait contrevenir, à l'inaliénabilité dotale (1).

Cette distinction ne nous paraît pas exacte : nous croyons qu'en aucun cas la femme ne peut prendre part à la délibération des créanciers concordataires.

Tout d'abord ce n'est pas là un simple acte d'administration puisqu'il a pour effet de faire perdre aux créanciers une portion, et souvent une portion très considérable, de leurs créances.

En outre, — quand il s'agit de la faillite du mari, — le concordat aboutirait à priver la femme d'une partie de sa dot ; et le principe que cette dot doit être restituée en entier lors de la dissolution du mariage (art. 1395) serait mis en échec.

Aussi les auteurs que nous combattons conviennent-ils que le concordat n'empêche pas la femme de réclamer ultérieurement sur les biens du mari, et au moyen de son hypothèque légale le reste de ses reprises ; et on décide de même pour le concordat consenti par la femme après la faillite d'un débiteur étranger (2). Mais qu'est-ce qu'un concordat qui laisse subsister l'action civile du créancier, et ne donne qu'un effet partiel à son consentement ?

On prétend, il est vrai, que cette solution n'est pas contraire au droit commun : L'article 508 C. com., décide bien dit on, que les créanciers hypothécaires qui interviennent au concordat sont censés renoncer à leur droit de préférence mais cette renonciation n'a lieu que dans l'intérêt des créanciers de la masse, et, par suite, elle ne s'oppose pas, à une action ultérieure. Seulement, comme cette action ultérieure pourrait dans un certain cas, — celui où ils n'auraient pas obtenu le dividende promis, — nuire aux créanciers de la masse, la femme, d'après cette théorie ne peut plus exercer à leur préju-

(1) Guillouard, *Loc. cit.*
(2) Guillouard, *Loc. cit.*

dice l'hypothèque sur les nouveaux biens advenus à son débiteur (1).

Cette théorie interprète exactement l'article 508 ; mais elle admet certainement une solution erronée, quoique logique, en défendant à la femme d'exercer son hypothèque au préjudice des créanciers de la masse et en décidant que l'article 508 du Code de commerce lui est opposable. Il est certain — tout le monde en convient, — que la femme ne peut, seule, renoncer soit à l'hypothèque qui lui garantit la restitution de la dot, soit à l'hypothèque dont elle jouit sur les biens d'autrui. Il est impossible de donner effet à une renonciation tacite, là où la renonciation expresse est elle-même interdite.

Ainsi la femme ne peut participer à un concordat, ni quand sa créance est munie d'une hypothèque, ni même quand elle est simplement chirographaire, car, dans l'un ou l'autre de ces deux cas, elle fait un acte de disposition qui lui est interdit. La solution que nous avons combattue a été sans doute inspirée par le désir de concilier les exigences du régime dotal avec la clôture rapide et avantageuse de la faillite; mais, selon nous, elle heurte trop les principes pour pouvoir être admise.

Arrivons à la dernière des questions que nous nous sommes posées : la femme est-elle tenue de faire emploi des sommes et des revenus que son droit d'administration lui permet de toucher ?

La question ne présente aucune difficulté pour le cas où le contrat de mariage imposait au mari l'obligation de faire emploi des deniers dotaux touchés, c'est-à-dire de les consacrer à l'achat d'autres biens destinés à les remplacer. La femme, se substituant, au point de vue de l'administration, au mari, est nécessairement tenue des mêmes obligations (2).

Le même motif nous conduit à la solution contraire si le con-

(1) *Sic.* Civ. rej. 11 novembre 1867, S. 68. 1. 17.
(2) Aubry et Rau, t. 5, § 539, p. 620   note 13. — Cass. civ., 29 décembre 1839. S. 40. 1, 242. — Limoges, 16 décembre 1848. S. 49. 2. 342.

trat de mariage n'imposait pas l'emploi au mari. On est à peu près d'accord, en principe, sur l'exactitude de cette solution (1). Si, dans certains pays de droit écrit, et notamment dans le ressort du parlement de Bordeaux (2), l'on adoptait la décision opposée, il est impossible de suivre la même doctrine en l'absence d'un texte formel.

Cette situation est fâcheuse pour les intérèts de la famille : si le mari n'est pas tenu de faire emploi de la dot mobilière, la femme n'est pas dépourvue de garanties contre ses dissipations et est, aux yeux de la loi, sauvegardée par son hypothèque légale. Il en est autrement après la séparation de biens ; les dilapidations de la femme entraînent une perte pour la famille.

Aussi certains auteurs permettent-ils au jugement qui prononce la séparation de biens de décider que la femme sera tenue de faire emploi des deniers dotaux qu'elle touchera (3). Cette solution a été justement, selon nous, repoussée par la jurisprudence (4). Il ne peut appartenir aux tribunaux de modifier les conventions matrimoniales qui sont immuables pour eux aussi bien que pour les époux ; or en n'exigeant pas l'emploi de la part du mari, le contrat de mariage en a par cela même dispensé la femme, et ce serait y apporter une dérogation que de l'exiger. On peut, d'ailleurs, répondre à la considération tirée de l'absence de garantie : l'obligation de faire emploi ne pouvant être imposée au mari lui-même que par le contrat de mariage et ne dérivant pas de la loi, il faut en conclure, que celle-ci ne la considère pas comme essentielle au bon

(1) Aubry et Rau, t. 5, § 539, p. 620, note 12. — Rodière et Pont, t. 3, n° 2198. — Laurent, 23, § 558. Guillouard, t. 4. n° 404. Cass. civ., 21 mai 1867. S. 68. 1. 453. — Cass. Req., 3 janvier 1877. D. 78. 1. 462. — Agen, 7 mars 1870. S. 70. 2. 233. — *Contrà.* Benoit, *De l'emploi et du remploi* n°ˢ 137 et 138.

(2) Tessier, *Société d'acquêts*, édition Deloynes, p. 15.

(3) Rodière et Pont, *loc. cit.*

(4) Cass. Req., 26 juillet 1869. D. 71. 1. 169. — Voy. aussi Dutruc, *Séparation de biens*, n° 436. — Guillouard, t. 4, n° 2105.

fonctionnement du régime dotal ; l'inaliénabilité de la dot lui a
paru protéger suffisamment la femme soit contre les abus d'influence du mari, soit contre ses propres faiblesses ; et ce n'est
pas au moment où l'indépendance de la femme a augmenté,
qu'il faut lui imposer un supplément de formalités.

CHAPITRE III

DES DROITS ET DES OBLIGATIONS DE LA FEMME
EN CE QUI CONCERNE
L'ALIÉNATION DES BIENS DOTAUX.

Notre intention n'est pas de traiter d'une manière complète
la question de l'inaliénabilité du fonds dotal. Une grande partie de cette théorie devra pourtant être étudiée dans l'examen
que nous allons faire des droits et des obligations de la femme
relativement à l'aliénation de ses biens dotaux.

Il est nécessaire tout d'abord de déterminer, au moins d'une
manière sommaire, le fondement de l'inaliénabilité dotale, afin
d'en tirer les conséquences qui en découlent au point de vue
qui nous occupe. Nous parlerons ensuite successivement de
l'aliénation des immeubles, de celle des meubles et des exceptions que subit l'inaliénabilité en vertu soit de la loi, soit de la
convention.

Avant d'aborder cette étude, il est indispensable que nous
fassions une remarque : aucune distinction n'est à établir entre
la période qui précède et celle qui suit la séparation de biens.
Le jugement qui prononce la séparation n'introduit en effet, de
modifications que dans l'administration et non dans la dotalité

et ses effets (1). L'inaliénabilité subsiste donc, de même que la distinction entre les biens dotaux et les biens paraphernaux; nous signalerons cependant, en parlant des meubles, quelques points douteux.

## Section I. — Fondement de l'inaliénabilité.

Nous avons déjà donné le motif de l'inaliénabilité ; elle avait pour but en Droit romain, où le mari était propriétaire de la dot, de mettre la femme en mesure de contracter un nouveau mariage au cas de divorce ou de dissolution du mariage par la mort du mari. Plus tard, — et cette idée apparaît sous Justinien qui interdit l'aliénation même avec le consentement de la femme, et qui oblige le mari à restituer la dot même si le mariage se dissout par la mort de la femme, — on veut protéger la femme contre ses propres faiblesses et conserver la dot à sa famille. C'est également l'idée de l'ancien droit et il n'est pas douteux que le Code civil s'y soit conformé.

Mais quel était autrefois et quel est aujourd'hui le fondement de cette inaliénabilité. On conçoit sur ce point deux systèmes en législation : la propriété des biens peut être déclarée indisponible, ou bien leur propriétaire frappé d'incapacité. Quel est celui de ces deux systèmes que la loi a suivi? a-t-elle admis l'indisponibilité réelle ou l'incapacité personnelle ?

Dans le Droit romain, la loi Julia édictait une sorte d'indisponibilité du fonds dotal à moins que le mari n'agît avec le

(1) Par exception à cette règle, les immeubles dotaux deviennent prescriptibles (art. 1561, al. 2).

consentement de la femme. La femme n'étant pas propriétaire, il ne pouvait être question de la considérer comme incapable d'aliéner. Quant au mari, ce n'était pas tant par incapacité qu'il n'avait pas le droit d'aliéner, qu'en raison de la destination des biens, qui devaient se retrouver à la dissolution du mariage.

A côté de cette indisponibilité, il existait une incapacité qui atteignait la femme ; mais le sénatus-consulte Velléien qui l'avait consacrée était issu d'autres idées et se proposait un but différent. C'est pour protéger la femme contre les abus d'influence auxquels l'exposait, de la part du mari, la faiblesse inhérente à son sexe, (*propter fragilitatem sexus*) — telle est du moins l'idée exprimée par les textes, — qu'on interdit d'abord à la femme de s'engager dans l'intérêt de son mari ; cette incapacité partielle étendue plus tard aux femmes non mariées et aux obligations qu'elles contractaient dans l'intérêt d'une personne quelconque, fut une seconde fois restreinte, par Justinien à son objet primitif.

L'indisponibilité, en se modifiant, se rapprocha sensiblement de l'incapacité : elles furent combinées ensemble de façon à protéger la femme contre un consentement que le mari, supposait-on, lui arracherait trop facilement. Aussi, voit-on sans surprise le sénatus-consulte Velléien et la loi Julia se transplanter en même temps dans les mêmes pays. En droit écrit, l'indisponibilité et l'incapacité existent concurremment (1) ; ils disparaissent presque à la même époque, et après qu'en 1606 le Velléien eut été aboli dans le Lyonnais, l'ordonnance de 1664, rendue par interprétation de la précédente, y abrogea également ment l'indisponibilité dotale.

---

(1) Toutefois le Velléien seul s'étendit plus au Nord, et fut admis jusque dans les pays de coutumes et en Allemagne. On peut également remarquer que la femme avait, dans l'ancien droit, la faculté de renoncer à la protection du Velléien, et cette renonciation devint même de style ; l'inaliénabilité dotale resta toujours, au contraire, d'ordre public.

Cette similitude de destinée entre les deux institutions rend insuffisant l'argument historique, qui prétend conclure de l'ancien caractère de l'inaliénabilité qu'aujourd'hui encore nous sommes.en présence d'une indisponibilité. La tradition et les textes des jurisconsultes romains seraient en effet, pour la solution de notre question d'un grand secours, si la loi Julia avait été transportée sans modifications, dans le droit actuel. Mais il n'en a pas été ainsi : le Velléien s'est fondu avec la loi Julia, et, aujourd'hui même qu'il a disparu, rien n'empêche de croire qu'il a transformé l'ancienne indisponibilité en une incapacité.

Il faut donc rejeter tout argument tiré de la tradition et s'inspirer, pour résoudre la question, du point de vue auquel s'est placé le législateur, des termes employés par les textes et aussi des conséquences plus ou moins admissibles auxquelles conduirait chacun des systèmes soutenus.

Le système de l'indisponibilité est rejeté au moins dans ses conséquences par la jurisprudence ; il compte en doctrine des partisans peu nombreux et les arguments qu'il invoque nous paraissent facilement réfutables (1).

On dit surtout que l'incapacité est de droit étroit, et, qu'aucun texte n'édictant une incapacité spéciale en matière dotale, il est impossible d'y suppléer. Si l'article 1124 range les femmes mariées parmi les incapables, c'est sans aucune distinction ; la femme dotale n'est donc incapable que dans les mêmes termes que les autres femmes mariées et cette incapacité disparaît par l'autorisation du mari. Qu'on dise que la femme dotale non autorisée est incapable, rien de mieux, mais, l'autorisation la rendant capable, l'inaliénabilité ne peut désormais tenir qu'à une qualité affectant la chose et non la personne.

Il n'est pas difficile de voir en quoi pèche cette argumentation. Sans doute l'article 1123 limite les incapacités aux cas

______

(1) Demolombe, note. S. 40. 2. 402. — Mongin, *Revue critique*, t. 15, 1886, p. 92.

exprimés par la loi ; mais que signifie cette disposition ? Que, si l'interprète ou le juge hésitent sur le point de savoir si telle personne a le droit d'accomplir un acte quelconque ou non, ils doivent de préférence résoudre la question dans le premier sens. Il s'agit ici d'une toute autre idée ; l'impossibilité d'agir est certaine ; il n'y a de discussion que pour en qualifier la nature et là-dessus l'article 1123 ne peut être d'aucune utilité. Quant à l'article 1124 il a soin d'exprimer que les femmes sont incapables *dans les cas exprimés par la loi* ; mais fait-il réellement, par là, allusion à la nécessité de l'autorisation ? renvoie-t-il également aux règles du régime dotal ? C'est ce que nous ne pouvons savoir, c'est ce que nous ne tenons même pas à connaître ; car la première interprétation elle-même ne conduit pas nécessairement au système de l'indisponibilité et ne nous empêche pas d'attribuer au législateur l'intention ultérieure de créer une nouvelle incapacité.

On dit encore que les termes de l'article 1544 établissent formellement le système de l'indisponibilité. « Les immeubles » constitués en dot ne peuvent être aliénés ou hypothéqués » pendant le mariage ». C'est encore là un argument peu défendable. La formule employée par l'article 1554 n'a certainement pas pour objet de trancher la question du fondement de l'inaliénabilité ; et ce qui le prouve ce sont les termes mêmes qui suivent ceux que nous avons transcrits : « ni par le mari, » ni par la femme, ni par les deux conjointement ». C'est afin d'indiquer dans une même phrase qu'aucun des époux ne peut seul, ou avec le consentement de l'autre aliéner les biens dotaux, c'est dans un but, par conséquent, grammatical que la loi s'est servie de cette tournure. Mais elle aurait employé des expressions autrement catégoriques, si elle avait voulu adopter formellement le système de l'indisponibilité.

Au surplus, c'est par des arguments directs que nous allons établir l'exactitude du second système, celui de l'incapacité, dont les conséquences les plus importantes sont admises par la jurisprudence (1) et qui est soutenu par la majorité des auteurs (2).

Qu'a voulu le législateur ? Nous l'avons dit : protéger la femme contre sa propre faiblesse et les abus d'influence auxquels cette faiblesse l'expose. C'est donc dans la situation personnelle de la femme que doit être cherché le motif de l'inaliénabilité.

Il importe peu que cette incapacité soit restreinte à certains biens ; il n'y a rien d'étrange à notre avis à ce que la femme ne soit que partiellement incapable. S'il lui a paru suffisant, lors du mariage, que certains de ses biens fussent mis à l'abri de ses actes, pourquoi la loi ferait-elle obstacle à cette volonté ? Puisqu'on admettait par dérogation aux principes la possibilité pour la femme de s'attribuer une incapacité conventionnelle, il était naturel que les époux pussent donner à cette incapacité l'étendue qui leur convenait.

Un texte législatif vient à l'appui de ce système. La loi du 10 juillet 1850 a ajouté à l'article 1391, un paragraphe ainsi conçu : « Toutefois, si l'acte de célébration du mariage porte » que les époux se sont mariés sans contrat, la femme sera » réputée à l'égard des tiers *capable de contracter dans les ter-* » *mes du droit commun*, à moins que, dans l'acte qui contien- » dra son jugement, elle n'ait déclaré avoir fait un contrat de » mariage ».

On sait à quelle situation a voulu remédier la loi de 1850 ; son but a été d'empêcher que la femme, pût, en adoptant le

_____

(1) Voy. notamment Cass., 7 février 1881. S. 82. 1. 27. Voy. aussi les arrêts cités à propos des diverses questions mentionnées plus bas.

(2) Deloynes *Revue critique*, 1882, p. 541.

Renault, *Revue critique*, 1885, p. 582. — Guillouard, t. 4, n° 1836. — Voy. aussi Bertauld, *Questions doctrinales et pratiques*, t. I, p. 517 ; cet auteur tient compte a la fois des deux idées, celle de l'indisponibilité et celle de l'incapacité ; mais sa théorie, dont la formule ne paraît pas d'ailleurs suffisamment nette, n'a pas d'intérêt pratique, puisqu'il adopte sur tous les points les solutions du système de l'incapacité.

Consultez encore Labbé, *Revue critique*, juillet 1856, Gide, *Condition de la femme*, pages 449 et suiv. M. Beudant à son cours adopte le système de l'incapacité. — M. Bufnoir également.

régime dotal et en n'en donnant pas connaissance, aux tiers, se soustraire aux engagements qu'elle contracterait et dont l'exécution viendrait se heurter à l'inaliénabilité. C'est uniquement au régime dotal, malgré ses termes en apparence plus larges, que la loi de 1850 s'applique ; et, puisqu'en présence d'une telle situation, la femme qui n'a pas indiqué son contrat est réputée *capable*, c'est évidemment qu'elle est, d'après les principes du régime dotal, *incapable*. On a, en vain, essayé de nier la portée de ce texte ; il est trop formel pour laisser place au doute (1).

Mais c'est surtout par ses conséquences que le système de l'indisponibilité se réfute ; et sur ce point nous ne pouvons actuellement qu'indiquer les solutions, qui seront, pour la plupart, ultérieurement développées.

Si l'on admet que les biens dotaux sont indisponibles. Cette indisponibilité ne pourra être qu'absolue, puisqu'aucune exception n'y est apportée par la loi ; elle sera, en outre, limitée à la durée du mariage. Il ne peut être en effet question ni de la faire commencer avant, ni de la faire persister après le mariage, puisque l'inaliénabilité est une situation exceptionnelle et non susceptible d'extension.

L'incapacité, au contraire, ne peut produire ses effets, même pendant le mariage, que pour les actes accomplis depuis sa célébration ; mais, pour ces actes, les conséquences de l'incapacité s'étendront, en raison du vice qui les affecte dès l'origine et qui en entraîne la nullité, au-delà de la dissolution du mariage. En outre, l'incapacité, supposant un fait volontaire, n'empêche pas la saisie des biens dotaux pour les engagements contractés en dehors de la volonté. Nous montrerons aussi que dans notre système l'aliénation émanant de la femme n'est frappée que d'une nullité relative ; nous prouverons en même temps que les solutions contraires sont tantôt injustes, tantôt oppo-

_______

(1) L'éminent rapporteur de la loi, M. Valette, emploie à chaque instant les mots d'*incapacité* et *incapable*.

sées à la volonté certaine du législateur, si bien que plusieurs
d'entre elles ont été rejetées par les partisans de la doctrine
de l'indisponibilité.

Nous ne voulons ici mentionner qu'une question, sur laquelle nous aurons l'occasion de revenir, celle des engagements
contractés par la femme avant la célébration du mariage.

Ces dettes peuvent être poursuivies, quand elles ont date
certaine antérieure au mariage, sur les biens dotaux ; c'est ce
qui résulte, dit-on généralement, de l'alinéa 4 de l'article 1558,
qui a cru devoir permettre l'aliénation des biens dotaux pour
l'acquittement de ces dettes afin d'éviter aux époux les poursuites des créanciers. C'est ce qui résulte, dirons-nous, de la
tradition (V. Teissier, *De la dot*, t. 1er no 639) et de l'opinion
de la grande majorité des auteurs. Or, comment expliquer cette
action, accordée aux créanciers, autrement que par l'idée qu'il
n'y a pas indisponibilité, mais seulement obstacle à ce que la
femme compromette sa dot ? Cela nous paraît impossible ; et,
puisque beaucoup de nos adversaires admettent ce droit de saisie
des créanciers antérieurs — par une application élémentaire de
l'article 2092, il nous semble qu'ils manquent quelque peu de
logique. (1)


## Section II. — De l'aliénation des immeubles dotaux.


L'article 1554 pose le principe de l'inaliénabilité dotale et
l'article 1560 fixe le sort des aliénations consenties en fraude

(1) Pour la plupart des auteurs, les seuls biens dotaux soumis aux dettes
antérieures sont ceux que la femme s'est elle-même constitués (Aubry et Rau,
t. 5, § 538., p. 604, et auteurs cités à la note 2) ; mais, pour nous, les biens
constitués par un tiers deviennent eux-mêmes le gage des créanciers antérieurs.(Tessier, 1, p. 325. Voy. aussi D. 57. 2. 52). Quel serait en effet l'obstacle ? L'inaliénabilité, résultant d'une incapacité pendant le mariage, ne peut
être opposée qu'à des créanciers ayant traité pendant le mariage.

de cette prohibition ; quoiqu'elles soient nulles dans tous les
cas, le caractère de cette nullité, et par suite les droits de la
femme, varient suivant que l'aliénation a été consentie par la
femme seule, par la femme et le mari, ou par le mari seul ;
avant d'étudier les distinctions à faire sur ce point, nous avons
à déterminer la portée de la prohibition. En dernier lieu, nous
nous occuperons des fins de non-recevoir que la femme, intentant son action pour faire rentrer dans son patrimoine l'immeuble aliéné, peut se voir opposer.

### 1. — Des actes interdits et des actes permis à la femme.

L'article 1554 interdit l'aliénation des immeubles et l'hypothèque. Ces mots pris à la lettre, sont à la fois trop et trop peu
compréhensifs ; ils semblent exclure les démembrements de la
propriété, ils semblent d'un autre côté comprendre le testament
et il est pourtant certain que ces solutions seraient inexactes.

En ce qui concerne d'abord les biens qui ne peuvent être aliénés il faut ajouter aux immeubles les droits réels immobiliers (1) ; ce sont d'ailleurs, si l'on entend le mot dans son sens
large, des immeubles. En conséquence, le mari ou la femme ne
pourront constituer de servitude sur les immeubles dotaux (2) ;
il est bien entendu toutefois que rien n'empêche le mari, administrateur de la dot de la femme, ou après la séparation de
biens, la femme, de reconnaître sur le fonds dotal, l'existence
d'une servitude légale, par exemple d'une servitude de passage (3). Cet acte n'est en effet, que l'aveu d'une situation établie par la loi et non pas l'aliénation partielle du fonds dotal ;
il faut cependant, et ceci encore va de soi, excepter le cas où

---

(1) Nous avons parlé plus haut de l'aliénation de l'usufruit marital.

(2) Aubry et Rau, t. 5, § 537, p. 559, note 8. — Rodière et Pont, t. 3, n° 1764.
— Guillouard, t. 4, n° 1855.

(3) Aubry et Rau, *loc. cit.* — Guillouard, t. 4, n° 1855.

la prétendue reconnaissance interviendrait alors que les conditions nécessaires à l'existence d'une servitude légale ne se rencontreraient pas (1).

Quant aux actes qui sont interdits au mari et à la femme, il est bon, pour les étudier, de distinguer entre les actes à titre gratuit et ceux à titre onéreux.

### I. — *Actes à titre onéreux.*

Tous les actes à titre onéreux qui ont pour résultat de faire sortir une portion d'un bien dotal du patrimoine de la femme sont interdits, eussent-ils également pour effet d'y faire rentrer en échange une valeur même supérieure.

Cette formule comprend notamment la vente. Nous pouvons y ajouter, quoique des difficultés se soient élevées sur ce point, la transaction (2).

L'article 2045 porte, en effet, que « pour transiger, il faut » avoir la capacité de disposer des objets compris dans la tran- » saction ». Or, la femme n'a pas cette capacité même avec l'autorisation de son mari, en ce qui concerne les biens dotaux. Notre solution est donc d'autant plus certaine que nous avons rattaché l'inaliénabilité dotale à une incapacité et, que par suite, l'article 2045 s'applique directement à notre espèce.

Aussi, sommes-nous surpris de voir certains des partisans de notre doctrine sur l'inaliénabilité soutenir que les termes de l'article 2045, malgré leur généralité, ne concernent pas la femme dotale et que celle-ci peut, avec l'autorisation du mari, transiger sur ses biens (3). L'article 2045 n'a trait, dit-on, qu'au mineur et aux communes et établissements publics, puisqu'il ne vise pas textuellement d'autre hypothèse.

---

(1) Aubry et Rau, t. 5, § 537, p. 573, note 53. — Guillouard, t. 4, nº 1856.

(2) Pont, *Petits contrats*, t. 2, nº 516. — Aubry et Rau, t. 4, § 420, note 2 et t. 5, § 537, p. 558, note 4. — Tessier, *De la dot*, t. 1, p. 367. — Caen, 7 juillet 1869. S. 73. 2. 366. — V. aussi : Accarias, *De la transaction*, nº 96.

(3) Guillouard, t. 4, nº 1849.

La singularité de cet argument n'est pas à démontrer ; c'est
après avoir assimilé en termes généraux la transaction à la disposition que l'article 2045 cite le mineur et les communes et
établissements ; et pourquoi le fait-il ? C'est que dans ces deux
cas spéciaux, le principe qu'il a posé est mis en échec : les formalités de l'aliénation ne sont pas suffisantes pour le mineur,
puisque l'article 467 exige en outre l'avis de trois jurisconsultes ; la transaction n'était pas permise aux communes dans
les mêmes conditions que l'aliénation, lors de la promulgation
du Code civil, puisque l'autorisation du chef de l'État était nécessaire.

On invoque encore l'utilité de la transaction, contrat essentiellement favorable puisqu'il tranche ou évite des procès (1).
Mais c'est là un argument valable tout au plus, en législation ;
encore donne-t-il prise, sur ce terrain, à de graves objections ; si
la transaction doit être encouragée, l'inaliénabilité mérite de son
côté d'être rigoureusement sanctionnée, et ce serait indirectement permettre l'aliénation que d'autoriser la transaction ; le
consentement des deux époux n'empêcherait pas que la soi-
disant transaction pût être une aliénation déguisée. Il serait au
moins bon, si on l'autorisait de la soumettre aux formes exigées
pour les mineurs ; ce serait la seule manière d'éviter la fraude,
et il est inutile de dire que, dans l'état actuel des textes, cette
dernière solution ne pourrait elle-même être admise, quoique
certains auteurs aient cru pouvoir décider le contraire.

Il est bien entendu que nous admettons la validité de la
transaction qui reconnaîtrait à la femme la propriété des biens
dotaux, en l'obligeant à livrer à un tiers soit un bien non dotal,
soit une somme d'argent ; la seule transaction qui soit interdite

_______

(1) Aubry et Rau, t. 5, § 537, p. 558, note 5. — Tessier, *De la dot*, t. 1,
p. 572. — Rodière et Pont, t. 3, no 1858. — Guillouard, t. 4, n° 1850. —
Cass. civ., 22 août 1865. S. 65. 1. 398. — Cass. civ., 22 août 1865. S. 65. 1.
398.

est celle qui dépouille la femme des droits qu'elle prétend avoir
à un bien réputé dotal.

A la transaction, il faut assimiler le compromis. On sait que
le compromis exige des conditions de capacité plus rigoureuses
encore que la transaction et, par exemple, que le tuteur ne peut
y procéder d'aucune manière. En outre, notre solution résulte
invinciblement de la combinaison des articles 1004 et 83 du
Code de procédure.

Un autre contrat qui, tout en ne constituant pas une aliénation de la chose, présente de si graves inconvénients qu'il nous
paraît interdit à la femme, est l'antichrèse. L'antichrèse n'est,
en réalité, qu'une délégation de fruits, puisque le droit unique
conféré au créancier par l'article 2085 est de percevoir les fruits
de la chose dont il a la détention ; mais c'est à tort qu'un auteur (1) et des arrêts (2) en ont conclu que l'antichrèse des biens
dotaux est autorisée. L'antichrèse confère au créancier, jusqu'à
ce qu'il soit intégralement payé, un droit de rétention sur l'immeuble, qui semble contraire au principe de la conservation de
la dot (3).

On peut ajouter que, d'après beaucoup d'auteurs, l'antichrèse
donne au créancier un droit réel ; dans cette opinion notre doctrine serait encore plus certaine, car nous l'avons dit, le mot
*aliénation* désigne non seulement l'abdication de la propriété
mais celle d'un droit réel quelconque.

De tous les actes à titre onéreux, il n'en est qu'un auquel le
mari et la femme puissent procéder conjointement, et la loi ne
l'autorise qu'en exigeant certaines conditions destinées à éviter
la fraude ; nous voulons parler de l'échange, que prévoit et
règle l'article 1559 dans les termes suivants : « L'immeuble

(1) Proud'hon, *Traité de l'usufruit*, n° 2327.
(2) Rouen, 28 août 1837 ; *Journal du Palais*, 38. 43. — Rouen, 9 août 1876.
S. 77. 2. 241.
(3) Aubry et Rau, t. 5, § 537, p. 559, note 9. — Guillouard, t. 4, n° 1857. —
Cass. civ., 31 janvier 1837. S. 1837. 1. 190.

» dotal peut être échangé, mais avec le consentement de la
» femme, contre un autre immeuble de même valeur, pour les
» quatre cinquièmes au moins, en justifiant de l'utilité de l'é-
» change, en obtenant l'autorisation en justice, et d'après une
» estimation par experts nommés d'office par le tribunal ».

L'échange présente dans certains cas trop d'utilité pour que
le législateur ait cru devoir l'empêcher absolument ; mais les
précautions qu'il a prises protègent la femme aussi bien que
l'inaliénabilité.

D'abord le consentement des deux époux est nécessaire.
L'article 1559 dit même, par une réminiscence du système qui
conférait au mari la propriété de la dot, que ce dernier agit
avec le consentement de la femme. Le juge ne pourrait pas,
même au refus du mari, autoriser la femme à y procéder
seule, car l'article 1559 exige formellement l'assentiment du
mari, et en outre la solution contraire méconnaîtrait les pouvoirs d'administration de ce dernier. Réciproquement, le mari
ne peut être autorisé à conclure seul l'échange, parce qu'il ne
peut agir sans le consentement de la femme, qui est propriétaire et qui ne lui a pas donné mandat d'aliéner.

Le consentement des époux ne suffit pas ; il faut qu'ils justifient au tribunal de l'utilité de l'échange, en se fondant, par
exemple, sur l'insuffisance des revenus produits par l'immeuble
qu'ils désirent aliéner ; le tribunal n'est pas forcé de se laisser
convaincre ; si séduisantes que soient les raisons invoquées, il
agit gracieusement et jouit d'un pouvoir discrétionnaire qu'il
dirige dans le sens qui lui convient ; c'est à notre avis, au tribunal du domicile des époux qu'il appartient de donner une
décision ; car il est mieux que tout autre à même de connaître
les besoins des époux ; en outre, s'il fallait s'adresser au tribunal de la situation des immeubles, on se trouverait dans un
grand embarras au cas où les deux fonds seraient situés dans
des arrondissements différents (1).

(1) Guillouard, t. 4, n° 2054.

Le tribunal peut s'aider, avant de rendre sa décision, de tous les documents qu'il juge utiles ; mais, de quelque manière qu'il opère, il est tenu de faire visiter les immeubles par des experts qui en détermineront la valeur, et que, pour plus de sûreté, il nomme d'office.

Le rôle de ces experts est d'examiner si l'immeuble que les époux désirent acquérir est égal, pour les quatre cinquièmes au moins, à celui qu'ils ont l'intention d'aliéner ; c'est dans le cas de l'affirmative seulement, (pour que la consistance du patrimoine dotal ne se modifie pas trop profondément) que le tribunal peut accorder son autorisation.

Enfin la soulte, s'il en est payé une aux époux, est dotale d'après l'article 1559, et doit être employée comme telle ; nous ne disons rien de cette dernière condition, qui ne rentre pas directement dans notre sujet.

Ces conditions peuvent, sans aucun doute, être écartées en tout ou en partie, par le contrat de mariage, puisque l'inaliénabilité dotale n'est plus essentielle (1). Mais nous ne croyons pas que les époux puissent les rendre plus rigoureuses ou en ajouter d'autres, ni à plus forte raison, interdire absolument, par contrat de mariage, l'échange de l'immeuble dotal. L'inaliénabilité, nous l'avons dit à propos d'une autre question, ne peut être augmentée ; elle le serait si les parties l'admettaient dans les cas où la loi la rejette. Dans les conditions de l'article 1559, l'échange ne présente pas le moindre danger ; il peut constituer pour les époux une ressource imprévue. C'est donc se conformer à leur intérêt aussi bien qu'au caractère exceptionnel de l'inaliénabilité, que d'annuler les clauses qui rendraient plus difficile une opération de ce genre.

Peut-être devrions-nous, en dernier lieu, citer ici, comme acte à titre onéreux permis aux époux, et permis sans formalités, le partage : ce que nous avons dit antérieurement de cet acte nous dispense d'y revenir.

(1) Guillouard, t. 4, n° 2051.

Mais il convient de dire quelques mots de la licitation, qui, comme l'échange, n'est permise qu'avec l'autorisation de justice.

L'article 1558, § 5, parle de la licitation à la suite de différentes hypothèses où l'aliénation est autorisée en raison du but poursuivi par les parties. Il est pourtant à remarquer qu'à la différence de l'aliénation, permise dans ces divers cas, la licitation est un acte permis en raison de sa nature même et des circonstances où elle intervient.

Aussi croyons-nous préférable d'en traiter immédiatement, puisque nous indiquons précisément les actes permis en raison de leur nature.

On sait que le caractère de la licitation ne peut être fixé *à priori* et dépend des résultats de l'opération qui la constitue : quand l'immeuble est attribué à l'un des co-héritiers, l'acte équivaut à un partage ; lorsque c'est un étranger qui en devient propriétaire, c'est à tous les points de vue une vente. Si le législateur avait en notre matière, suivi cette distinction, il aurait permis aux époux de procéder seuls à la licitation à leur profit ou au profit d'un de leurs co-partageants ; et il leur aurait interdit d'une manière absolue de liciter l'immeuble indivis au profit d'un tiers.

On voit sans peine les raisons qui rendaient cette solution inadmissible. L'indivision est un état fâcheux, dont il importe qu'on puisse sortir de la manière la plus avantageuse, et il peut être plus utile pour les co-propriétaires de voir le bien vendu à un étranger qu'attribué à l'un deux. D'un autre côté, quel que soit le résultat de la licitation, les mêmes garanties et les mêmes précautions sont nécessaires, et si c'eût été aller trop loin que d'interdire absolument la licitation au profit d'un étranger, on n'aurait pas suffisamment, comme nous l'avons dit à propos du partage, sauvegardé l'intérêt de la dot en permettant aux époux d'y procéder, dans le cas contraire, à l'amiable. Enfin, lorsque la licitation a lieu judiciairement, il est impossible de savoir si c'est un tiers ou un co-propriétaire qui se rendra adjudicataire ; on n'aurait donc pas su, avant que l'adjudication fut terminée, si elle était ou non valable.

Pour toutes ces raisons, le Code civil a adopté un parti intermédiaire ; il permet d'une manière générale la licitation, à condition que l'immeuble soit impartageable et que les époux obtiennent l'autorisation du tribunal. Cette autorisation ne peut, quoique l'opinion contraire ait été soutenue, être donnée pour la seule part de la femme ; il y aurait alors non pas une licitation mais une vente de part indivise ; en outre, cette vente est beaucoup moins favorable que la licitation, les aliénations de parts *indivises* se faisant, d'ordinaire, à des conditions très désavantageuses (1).

Mais, si l'article 1558 ne s'applique qu'aux licitations il s'applique à toutes les licitations. La plupart des auteurs en restreignent la portée à la licitation amiable (2) et affirment que cet acte peut avoir lieu judiciairement avec la seule observation des articles 815 et 818 ; en d'autres termes, il serait permis à la femme, autorisée du mari, d'y procéder sans l'autorisation de justice. Nous ne croyons pas que les termes généraux de l'article 1558 permettent cette distinction, qui d'ailleurs ne se justifie guère au point de vue de l'équité ; la licitation est, nous l'avons déjà dit, un acte moins digne d'être favorisé que le partage. On comprend donc que l'autorisation de justice soit en toute hypothèse nécessaire aux époux qui la provoquent.

L'article 1558, § 5, comporte les mêmes dérogations que l'article 1559 : on peut décider dans le contrat de mariage que l'autorisation du tribunal ne sera pas nécessaire pour procéder à la licitation ; mais les époux ne peuvent pas stipuler que l'autorisation de la justice ne suffira pas pour la permettre.

Cette solution, qui ne nous paraît pas douteuse en principe,

(1) Aubry et Rau, t. 5, § 537, p. 595, note 139. — *Contra*, Rodière et Pont, t. 3, n° 1808.

(2) Aubry et Rau, t. 5, § 537, p. 595, note 138. — Laurent, t. 23, n° 565. — Guillouard, t. 4, n° 2043.

a pourtant été récemment contredite par la Cour de cassation, dans une espèce à laquelle nous avons déjà fait allusion. L'arrêt que nous rappelons décide que, dans le cas où l'immeuble dotal est indivis avec le mari, le contrat de mariage peut en interdire la licitation (1).

Il est probable que la Cour suprême aurait adopté une décision différente si le copropriétaire, au lieu du mari, avait été un tiers ; et cependant dans cette hypothèse la même clause offrirait moins de danger : la femme, en effet, ne s'interdirait qu'à elle-même le droit de provoquer la licitation, et ne pourrait engager son copropriétaire ; de sorte que l'indisponibilité du bien ne serait pas totale. Au contraire, dans l'espèce soumise aux magistrats, il était impossible de valider la clause, sans empêcher absolument les copropriétaires de sortir de l'indivision.

La question n'a pourtant pas paru douteuse à la chambre des requêtes, qui ne l'a même pas jugée assez grave pour la soumettre à la chambre civile : la communauté, dit-elle, nous offre l'exemple d'un régime où, par dérogation aux principes, on peut décider qu'un bien restera dans l'indivision entre les époux ; pourquoi en serait-il autrement du régime dotal ?

Ce rapprochement repose sur une erreur. Aux termes de l'article 815, on ne peut stipuler que l'indivision durera plus de cinq ans. On est forcé, il est vrai, de déroger à cette règle pour certains actes et pour certains biens : nul doute, par exemple, que la cour commune de deux maisons ne puisse pas être licitée, que les biens sociaux puissent, en vertu de la convention, être maintenus dans l'indivision plus de cinq ans et pendant toute la

---

(1) Cass. req., 30 novembre 1886, D. 87. 1. 49. S. 87. 1. 401. Plus exactement, le contrat de mariage autorisait la vente de l'immeuble indivis entre la femme et le mari, à charge par ce dernier d'opérer le remploi pour le tout. Le résultat était de ne permettre l'aliénation de la part du mari qu'à charge de remploi, et nous verrons que ce n'est là qu'une modification de l'inaliénabilité. Le raisonnement de la Cour de cassation s'applique d'ailleurs avec autant de force à l'inaliénabilité absolue.

durée de la société ; mais c'est que, dans le premier, cas l'objet indivis ne remplirait pas sa destination, s'il pouvait être licité, et, dans le second cas, ce serait nier le contrat de société que de lui appliquer la règle de l'article 815.

L'article 815 ne s'applique pas davantage à la communauté qui n'est-pas, comme ou le sait, une personne morale ; mais les biens communs sont seuls exclus de la règle générale, car seuls ce sont des biens sociaux (1). Il est incontestable que l'article 815 conserve tout son empire en ce qui concerne les biens restés propres aux époux. Qu'on suppose un immeuble appartenant pour moitié au mari et pour moitié à la femme ; cet immeuble n'entrant pas en communauté, tombe sans aucun doute sous l'application de l'article 815. On ne peut tirer argument des règles relatives aux biens communs pour soumettre aux mêmes principes les biens qui, tout en étant indivis, ne sont pas communs.

Si, d'après ce que nous venons de dire, l'article 815 s'applique au régime dotal, il est certain qu'on ne peut l'écarter par une clause insérée dans le contrat de mariage. La disposition de l'article 815 repose sur des considérations d'ordre public que personne n'ignore ; le législateur est parti de l'idée que l'indivision est un état de choses préjudiciable à la bonne administration des biens et fécond en procès de toute espèce. Or, on ne peut pas plus par un contrat de mariage que par tout autre acte, déroger aux règles fondées sur l'ordre public.

En vain dit-on que la rivalité, les conflits d'intérêts, l'administration négligée, que veut éviter l'article 815, ne sont aucunement à redouter de la part des époux, ceux-ci étant plus encore que des associés unis *affectu societatis*. D'autres inconvénients subsistent que l'indivision entraîne tout aussi bien dans notre cas que dans les autres ; une atteinte considérable est

(1) Il y a, d'ailleurs une autre raison pour que les biens de communauté soient en dehors de la règle posée par l'article 815 ; le mari est maître d'aliéner seul à titre onéreux le bien commun.

portée au crédit du mari, puisqu'il trouvera difficilement un
créancier qui consente à lui faire un prêt et à obtenir en garantie une hypothèque soumise aux résultats incertains du partage.
Et même dans l'espèce de l'arrêt de novembre 1886, l'hypothèque est interdite, car elle n'est possible que dans les cas
où l'aliénation est permise sans condition de remploi. D'ailleurs
l'existence de cette condition constitue une sorte d'inaliénabilité
et le mari ne peut consentir à soumettre ses biens au régime
exceptionnel que l'article 1554 admet uniquement pour ceux
de la femme.

La clause spéciale que la Cour de cassation a validée, — l'interdiction d'aliéner les biens indivis entre le mari et la femme
sans opérer un remploi même pour la part du mari, — soulève une objection de plus ; le consentement de la femme étant
nécessaire en ce qui concerne sa part, et la portion du mari ne
pouvant être aliénée sans que celle de la femme le soit en même
temps, le mari se trouve, en fait dans l'obligation de se munir
du consentement de sa femme pour aliéner ses propres biens.
Il y a là une atteinte évidente à la puissance maritale ; la plupart des auteurs (1) et la jurisprudence (2) n'accordent aucun
effet à la clause par laquelle le mari s'interdit d'aliéner les
biens communs sans le consentement de la femme ; à plus forte
raison, doit-il en être ainsi de la même clause appliquée aux
biens personnels du mari.

La Cour de cassation a été, dans l'arrêt que nous rapportons
beaucoup plus loin que dans celui où elle permettait de confier
à la femme l'administration des biens dotaux ; cette dernière
clause, si illégale qu'elle nous paraisse, n'est qu'une aggrava-
tion des protections dont jouit la femme sous le régime dotal.

(1) Rodière et Pont, t. 1, n° 66-67. — Marcadé, t. 5, sur l'article 1389,
n° 6. — Aubry et Rau, t. 5, § 504, p. 266, note 3. — Colmet de Santerre, t. 6,
n° 5 bis. — Laurent, t. 21, n° 125. — Deloynes sur Tessier, *Société d'acquêts*, t. 226.
(2) Paris, 7 mai 1855. S. 56. 2. 497.

Celle qui nous occupe ici va jusqu'à étendre ces protections au mari et lui interdire de livrer à la spéculation non seulement les biens de la femme, mais son patrimoine (1).


## II. — *Actes à titre gratuit.*

Des deux modes de disposition à titre gratuit, l'un — le testament — est permis à la femme, même sans l'autorisation du mari, l'autre, — la donation entre vifs, lui est interdit, même avec cette autorisation.

Que le testament soit permis à la femme, c'est ce qu'il est à peine besoin de démontrer. Le testament ne dispose que pour le temps où la femme meurt ; ce n'est pas seulement la transmission de propriété qui est renvoyée à cette date, c'est l'acte même qui ne devient définitif qu'à ce moment ; — or, lors de la mort de la femme, le mariage se dissout, s'il ne l'a déjà été antérieurement par le divorce ou par la mort du mari. L'inaliénabilité ayant disparu, rien ne s'oppose plus à l'aliénation (2).

C'est pour le même motif que l'autorisation du mari est inutile ; sa nécessité est limitée à la durée du mariage, dont la dévolution testamentaire des biens de la femme suppose la dissolution.

Quant à la donation entre vifs faite pendant le mariage il suffit qu'elle constitue une aliénation pour tomber sous la prohibition de l'article 1554 :

On est d'accord sur le principe ; mais certains auteurs ont prétendu que rien ne s'oppose à l'institution contractuelle, au partage d'ascendants et à la donation entre époux.

1° L'institution contractuelle est une donation, et, quoiqu'elle

______

(1) Voy. dans notre sens : Poncet, note. D. 87. 1. 49. — Labbé, note. S. 87. 1. 401.

(2) Aubry et Rau, t. 5, § 537, p. 559, note 14. — Tessier, *De la dot.* t. s. p. 310. — Laurent, t. 23, n° 498. — Guillouard, t. 4, n° 1868.

ne porte que sur les biens à venir, elle confère actuellement au donataire un droit irrévocable, en ce sens au moins, qu'elle le met à l'abri des actes de disposition à titre gratuit émanant du donateur ; en faut-il davantage pour appliquer à cet acte les règles générales des donations et décider qu'il est interdit à la femme dotale sur ses biens dotaux ?

Un certain nombre d'arrêts (1) adoptent pourtant l'opinion contraire, qui est suivie par quelques auteurs (2). Mais c'est avec raison que la majorité des cours d'appel (3) et un parti très considérable en doctrine (4) ont rejeté cette dernière solution, qu'a également dans ces dernières années écartée la Cour de cassation (5). On n'aurait sans doute jamais songé à permettre à la femme l'institution contractuelle sur ses biens dotaux, si l'ancien droit n'avait pas admis la validité de cet acte (6). On donnait alors comme motif de cette décision la ressemblance que présentait l'institution contractuelle soit avec les legs, soit avec les donations à cause de mort.

Il n'y a plus aujourd'hui de donation *mortis causâ* ; mais il est facile de voir que, dans l'ancien droit, l'institution contractuelle s'en séparait par un trait distinctif : la donation *mortis causâ* était révocable ; la donation de biens à venir ne pouvait

(1) Rouen, 18 novembre 1854, S. 55. 2. 547. — Nîmes, 1er février 1867. S. 67. 2. 136. — Bordeaux, 8 mai 1871. S. 71. 2. 241.

(2) Troplong, *Du contrat de mariage*, t. 4, no 3.272. — *Des donations*, t. 4, no 2.371. — Jouitou, *Régime dotal*, no 130.

(3) Agen, 28 janvier 1876, S. 76. 2. 201. — Agen, 6 novembre 1867. S. 68. 2. 73. — Pau, 26 février 1868. S. 68. 2. 73. — Agen, 21 juillet 1873. S. 73. 2. 182. — Rouen, 2 juin 1874. S. 74. 2. 203. — Grenoble, 13 août 1875. S. 75. 2. 323. — Poitiers, 13 juillet 1876. S. 76. 2. 291. — Rouen, 28 mars 1881, S. 82. 2. 41. — Caen, 22 juin 1886. *Recueil de Caen*, 1887, p. 172.

(4) Rodière et Pont, t. 3, no 1769. — Pont, *Revue critique*, 1853, t. 3, p. 146. — Demolombe, *Des donations*, t. 6, no 284. — Aubry et Rau, t. 5, § 537. p. 558, note 7 et t. 8, § 739, p. 62, note 9. — Laurent, t. 15. no 194. — Guillouard, t. 4, no 1852.

(5) Cass. Req., 8 mai 1877. S. 77. 252. — Cass. Req. 25 avril 1887. S. 87. 1. 320.

(6) V. Tessier, *De la dot*, t. 1, note 507.

être — du moins dans la plupart des pays — révoquée qu'indirectement et par des actes à titre onéreux ; c'était, en d'autres termes, et c'est encore aujourd'hui une aliénation actuelle du droit de disposer à titre gratuit. Or, nous avons déjà montré que si les donations entre vifs sont interdites à la femme sur ses biens dotaux, c'est précisément à cause de ce dessaisissement actuel. Aussi, déjà dans l'ancien droit, certains auteurs s'écartaient-ils de la solution généralement adoptée.

On dit encore que l'institution contractuelle ne présente pas les dangers ordinaires de l'aliénation, puisqu'elle ne produit son effet qu'au décès et qu'à ce moment il n'y a plus de dot. Mais, si cette objection était exacte, il faudrait également valider les donations entre vifs et même les actes à titre onéreux dont l'effet serait reporté à la dissolution du mariage. La vérité est que la dot est destinée non pas seulement à subvenir aux besoins du ménage, mais à sauver de la misère la famille de la femme. Le testament, que nous admettons, sera contraire à cette destination, mais il est révocable.

Une dernière objection se formule ainsi : pourquoi annuler un acte qui autorise toutes les aliénations à titre onéreux, et qui, par suite, ne met aucun obstacle au but principal de la dot, la satisfaction des besoins des époux ? Nous venons de rappeler que ce n'est pas là le seul but de la dot et qu'elle manque à sa destination quand elle n'est pas restituée dans son intégralité lors de la dissolution du mariage. En outre, l'institution contractuelle, si elle n'empêche pas les actes à titre onéreux, met du moins obstacle aux actes à titre gratuit ; or, ceux-ci, dans un cas déterminé, et particulièrement digne d'intérêt, celui de l'établissement des enfants, sont, comme nous le verrons, autorisés par la loi. Voilà donc une seconde destination de la dot qui deviendra également irréalisable. On a bien essayé de répondre que la donation au profit des enfants reste possible, puisqu'elle est permise pour leur établissement et qu'elle constitue alors un véritable acte à titre onéreux. Mais, sans examiner si la constitution de dot est, comme le prétend la jurisprudence, au point de vue de l'action paulienne, un acte à titre onéreux, nous pouvons du moins affirmer que ce caractère ne s'étend pas aux donations faites au profit des enfants en toute autre circonstance que la constitution de dot ; il n'est pas moins certain qu'à tous autres points de vue que celui de l'action paulienne la constitution de dot elle-même est un acte à titre gratuit, qu'elle est soumise au rapport et à la réduction, qu'elle est assujettie à la forme des donations ; et nous pouvons en conclure qu'elle est rendue impossible par une institution contractuelle antérieure.

On voit que l'institution contractuelle met doublement obstacle à la destination de la dot ; elle en empêche la restitution aux successeurs de la femme, elle s'oppose à certaines aliénations que la loi autorise pendant le mariage.

Les plus logiques parmi les partisans de la doctrine contraire permettent à la femme de faire sur ses biens dotaux une institution contractuelle sans autorisation ; l'assimilation qu'ils ont établie entre ce contrat et le testament, les a conduits à cette solution qui nous paraît inacceptable ; les caractères mêmes de l'institution contractuelle montrent que c'est un acte beaucoup plus dangereux que les legs, puisqu'il confère au donataire un droit actuel. En outre, on admet sans discussion que la femme mariée ne peut, en général, faire une institution contractuelle sans l'autorisation du mari ; il serait surprenant que cette règle subît un échec précisément dans l'hypothèse où elle a le plus besoin d'être observée.

Aussi qnelques auteurs exigent-ils cette autorisation qu'ils permettent de suppléer, conformément aux principes, par l'autorisation de la justice (1). Mais, si cette opinion est incontestablement plus équitable que la précédente, elle contredit l'assimilation au legs sur laquelle repose la théorie que nous avons

_________

(1) Duranton, *Cours de droit civil*, t. 9, n° 724.

combattue, et ne laisse rien subsister des arguments sur lesquels celle-ci se fondait.

. Notre conclusion est que l'institution contractuelle est, au point de vue des droits de disposition de la femme dotale, assimilée à la donation entre vifs ordinaire. Elle n'est donc permise que sous les mêmes conditions et seulement pour l'établissement des enfants (1).

Ce n'est pas qu'on ne puisse arriver indirectement à lui faire produire un certain effet: d'abord, la femme peut la garantir, et nous examinerons, à propos de la vente, la validité de cette clause très fréquente en pratique, et qui se rencontre pour tous les actes de disposition.

. En outre, nous verrons dans le chapitre suivant que la femme est, même sur ses biens dotaux, responsable de ses délits et de ses quasi-délits. Or, elle peut, en faisant une donation de biens à venir, commettre un fait illicite, qui engagera les biens dotaux. Si, par exemple, elle exerce sur le donataire des manœuvres frauduleuses et l'amène à contracter un mariage en vue de cette institution contractuelle, de la validité de laquelle elle l'a ainsi persuadé, la femme commet un délit dont elle répond sur ses biens dotaux ; mais il faut remarquer que les poursuites pour délits pourront être exercées sur tous les biens dotaux indistinctement et non pas seulement sur les biens indûment aliénés (2).

2° Le partage d'ascendants ne prête pas aux difficultés de l'institution contractuelle ; si le partage testamentaire est autorisé sans contredit, de la part de la femme, même non autorisée, il n'est pas moins certain que le partage anticipé ou partage d'ascendants, réalisé par acte entre vifs, ne lui est pas

(1) Aubry et Rau, *loc. cit.*, Guillouard, t. 4, n° 1858.
(2) Comp. Rouen, 28 mars 1881 *précité*, qui, tout en posant ce principe, décide, avec raison selon nous, que la femme ne commet ni délit, ni quasi-délit, en présentant les biens dotaux, qu'elle donne, comme des biens simplement propres, lorsqu'elle ignore que la disposition des biens dotaux lui est interdite. Son erreur étant alors excusable ne constitue pas un quasi-délit.

permis. La nature de cet acte est une des questions les plus
discutées du Code civil, et les auteurs n'ont pas encore réussi à
s'accorder, ni entre eux, ni avec la jurisprudence sur ce point.
Mais il est certain que le partage anticipé contient une donation entre vifs et que cette donation, — dans tous les systèmes, — est actuelle et irrévocable ; par suite, elle tombe sous
la prohibition générale de l'article 1554.

La jurisprudence (1) et les auteurs (2) n'ont pas hésité à
trancher la question en ce sens ; elle a pourtant soulevé quelques objections assez spécieuses.

L'article 1075 a paru trop général pour permettre l'exclusion
des biens dotaux ; c'est, en effet, sans distinction, que cet article autorise les père et mère à faire le partage de leurs biens.
Seulement, on ne songe pas que l'article 1075 a eu pour seul
but d'accorder aux parents, en faveur des enfants, le droit de
faire un acte exorbitant du droit commun et n'a pas entendu
régler les conditions de capacité nécessaires pour y figurer.
Dira-t-on qu'un interdit peut partager ses biens entre ses enfants ? Cette solution ne sera certainement proposée par personne. Or, c'est également d'une question de capacité qu'il est
ici question.

On objecte encore qu'il n'y a pas en réalité une aliénation
dans le partage fait entre les enfants, qui sont censés être copropriétaires des biens qui leur sont attribués. C'est là une idée
qu'on est surpris de voir figurer dans des discussions soulevées
sous l'empire du Code civil ; la copropriété de famille a disparu
depuis trop longtemps pour qu'un tel paradoxe soit soutenable.

(1) Agen, 16 février 1857. S. 57. 2. 93. — Rouen, 14 mars 1864. S. 64. 2.
393. — Cass. req., 18 avril 1864. S. 64. 1. 174-36. — Toulouse, 31 décembre
1883. D. 84. 2. 81. — Cass. req., 25 février 1878. S. 81. 1. 73. — Caen, 23 janvier 1888. *Droit* du 23 mars 1888.

(2) Genty, *Traité du partage d'ascendants*, p. 185. — Régnier, *Id.*, nº 132.
— Bonnet, *Id.*, t. 1, nº 238 à 240. — Demolombe, *Donations*, t. 6, nº 78. —
Aubry et Rau, t. 5, § 537, p. 538, note 6 et 8, § 731, note 3. — Laurent, t. 15,
nº 42. — Guillouard, t. 4, nº 1851. — Labbé, *Revue critique*, 1882, p. 73.

On ajoute enfin que l'inaliénabilité dotale est établie uniquement dans l'intérêt commun des enfants, et que, par suite, le partage fait entre eux n'est que la réalisation du but de l'inaliénabilité. Nous avons déjà montré au contraire, que ce n'est pas la seule raison de l'inaliénabilité et ce qui le prouve bien, c'est que les articles 1555 et 1556 ne permettent la donation au profit des enfants, que dans le cas exceptionnel où elle est faite dans l'intérêt de leur établissement. Or, ce n'est pas là nécessairement le but du partage anticipé ; et nous admettons seulement (ce qui n'est pas douteux) qu'il est permis lorsqu'il est fait pour permettre à tous les enfants soit de se marier, soit de se mettre à la tête d'une exploitation (1).

3° Des trois cas que nous nous étions proposé d'examiner, la donation entre époux est peut-être le plus délicat. C'est qu'ici les caractères du legs et de la donation entre vifs sont combinés d'une manière beaucoup plus étroite que dans l'institution contractuelle.

La donation entre vifs est actuelle et irrévocable alors que le legs ne confère qu'un droit éventuel et révocable. La donation entre époux, au moins quand elle porte sur des biens présents, confère un droit immédiat comme toute autre donation ; mais, de même que les legs, elle est essentiellement révocable. La jurisprudence en conclut que la donation entre époux est permise sur les biens dotaux (2).

Quoique des auteurs considérables admettent cette opinion comme certaine (3), nous préférons nous attacher à la doctrine contraire (4).

(1) Caen, 11 juin 1869. S. 70. 2. 36. — Montpellier, 5 juin 1873. D. 73. 2. 64.

(2) Cass. req., 1er décembre 1874. S. 75. 1. 135. — Caen, 8 mai 1866. D. 67. 2. 161.

(3) Aubry et Rau, t. 5, § 537, note 15. — Tessier, *De la dot*, t. 1, note 515. — Rodière et Pont, t. 3, n° 1769. — Guillouard, t. 2, n° 1369.

(4) Demolombe, *Donations*, t. 6, n° 464. — Colmet de Santerre, t. 5, n° 226 bis. — Jouitou, n° 129.

La jurisprudence part de ce soi-disant principe que les donations entre vifs sur les biens dotaux sont interdites en raison de leur caractère d'irrévocabilité. Nous avons nous-même fait la part de ce principe quand nous nous sommes occupé de l'institution contractuelle. Mais il n'est certainement pas le seul qui ait guidé le législateur. La donation entre époux emporte une aliénation actuelle ; elle confère, quoique révocable, au donataire le droit de disposer lui-même de l'objet donné et ses actes seront définitifs au cas où la révocation n'aura pas lieu ; en outre, d'après l'opinion généralement adoptée aujourd'hui (1), elle ne devient pas caduque par le prédécès du donataire. N'y-a-t-il pas là des caractères suffisants pour rendre dangereuse l'assimilation des donations entre époux aux legs ? Pourquoi la femme dotale peut-elle tester ? Ce n'est pas seulement parce que le testament est révocable, c'est aussi parce qu'il ne produit effet qu'à la dissolution du mariage ; or c'est immédiatement que la donation entre époux est suivie d'exécution.

Ce n'est pas tout ; la femme peut après avoir fait sa donation, devenir folle et se trouver empêchée de faire cette révocation. La donation entre époux deviendrait alors définitive, le mari pourrait disposer des biens, ses créanciers pourraient les saisir, privant ainsi la famille des fruits et revenus des biens dotaux, sans que personne eût aucun moyen de leur rendre leur destination légale et de les employer à soulager les besoins de la femme. Cette objection a paru tellement sérieuse aux partisans de la doctrine combattue, qu'ils ont inventé pour ce cas particulier un remède spécial ; — on pourra, dit-on, demander que, pendant le temps que durera l'incapacité de la femme, les revenus des biens donnés soient mis à part pour subvenir aux besoins de la femme et de la famille, jusqu'à concurrence

______

(1) Aubry et Rau, t. 8, § 744, p. 110, note 24. — Colmet de Santerre, t. 4, n° 276 bis. — Demolombe, *Donations*, t. 6, n° 469. — Cass. cit., 18 juin 1845. S. 45. 1. 638. — Toulouse, 20 mai 1886. D. 87. 1. 240. — *Contrà*, Marcadé sur l'article 1094, n° 4.

de ces besoins (1). Cette décision soulève des objections qu'on ne paraît pas avoir aperçues et qui la rendent impraticable.

De quel droit cette distraction pourrait-elle être exigée ? Si le mari est réellement propriétaire des biens qui lui sont donnés comment l'obligerait-on à en employer les fruits d'une manière qui ne lui conviendrait point ? Ne serait-ce pas étendre la dotalité à ses propres biens ?

En admettant que ce moyen soit légal, qu'arrivera-t-il si la femme meurt sans avoir recouvré sa capacité ? Le mari redemandera alors les revenus qui auront été distraits en violation de son droit.

A qui enfin appartiendrait-il de demander la distraction de ces revenus ? Au mari lui-même, on en convient, puisqu'il a à la fois l'administration de se biens et ceux de la dot. Mais quelle apparence y a-t-il que le mari use d'un droit qui lui serait préjudiciable et diminuerait les avantages de sa propriété ? Peut-être, dans le cas où les biens donnés seraient saisis par ses créanciers, demanderait-il en effet cette distraction ? Mais ce sera sans aucun doute pour s'en approprier le profit et pour se créer des moyens d'existence aux dépens de sa femme et de ses créanciers. Exigera-t-on que le tribunal lui impose alors l'emploi des revenus distraits ou bien en confie la perception à un tiers ? Ce serait une illégalité de plus, mais à laquelle la doctrine que nous combattons nous paraît fatalement conduite.

On voit que, si l'on valide les donations entre époux, on ne contrarie pas seulement le but de l'inaliénabilité, mais on aboutit à des conséquences partiques injustifiables et contre lesquelles on est obligé de proposer des remèdes insuffisants.

Nous ne croyons pas contredire notre théorie, en admettant la validité des donations de biens à venir entre époux sur les biens dotaux ; non seulement ces actes ne sont pas irrévoca-

_________

(1) Aubry et Rau, t. 5, § 537, p 559, note 15.

bles, mais ils ne confèrent aucun droit actuel ; la propriété du mari ne commence qu'au décès de la femme, et seulement, ce qui est important, s'il survit à celle-ci (1) ; les donations de biens à venir entre époux n'ont donc rien des donations entre vifs, et présentent absolument tous les caractères des anciennes donations à cause de mort, lesquelles n'exigeaient que les conditions de capacité des testaments.

### § II. — Du sort de l'aliénation indûment faite.

L'article 1560 considère comme nulle, de quelque manière qu'elle ait lieu, toute aliénation faite hors des cas où elle est autorisée : « la femme ou ses héritiers pourront faire révoquer l'aliénation après la dissolution du mariage ».

C'est pourtant une grave question que de savoir si les caractères et les règles de la nullité sont les mêmes dans tous les cas.

Le seul point sur lequel il n'y ait pas de doute, est le droit du mari d'intenter l'action en nullité tant qu'il administre les biens de sa femme, et conformément à la disposition de l'article 1560. Il en est ainsi, même dans le cas où il se serait rendu garant de l'aliénation ; car, c'est en son nom personnel qu'il a contracté l'obligation de garantie et c'est dans l'intérêt de la femme qu'il invoque la nullité ; on ne peut donc lui opposer l'adage *quem de evictione tenet actio eumdem agentem repellit exceptio.*

Pour déterminer le caractère de la nullité et les conséquences qui en dérivent, il est nécessaire de parler successivement des trois hypothèses prévues par l'article 1560 : l'aliénation faite par les deux époux conjointement, par la femme seule, ou par le mari seul.

(1) Aubry et Rau, t. 8, § 744, p. 113, note 25. — Demolombe, *Donations*, t. 6, n° 472.

1° *Aliénation faite par les deux époux.* — S'il s'agissait d'un bien non dotal, le consentement des deux époux serait nécessaire et suffisant pour constituer une aliénation valable. La nullité qui dérive de l'inaliénabilité dotale permet à la femme d'intenter une action. Mais quelle est cette action ? la réponse à cette question dépend de la nature de la nullité ; si elle est absolue, le contrat n'a aucun effet, la possession de l'acquéreur ne répond pas à un droit de propriété, et c'est non pas, comme on le dit généralement, une action en nullité absolue, mais une action réelle en revendication qui sera intentée par la femme. Si, au contraire, la nullité est relative, c'est une véritable action personnelle que la femme intentera contre l'acquéreur ; et les tiers qui auront obtenu un droit sur l'immeuble, n'en seront privés que par contre-coup, en raison des effets ordinaires de la nullité.

Jusqu'à présent, la différence entre les deux actions est purement théorique ; mais voici où elle acquiert un caractère pratique : si nous sommes en présence d'une nullité absolue, pouvant être invoquée par tous, l'acquéreur peut, par définition même, s'en prévaloir, et, poursuivi en payement du prix, il peut, en rendant l'immeuble, écarter l'action intentée contre lui. On voit immédiatement ce que cette solution a de peu avantageux pour la femme : qu'elle ait le droit de rompre le contrat, rien de mieux ; que ce contrat puisse être rompu par l'acquéreur, c'est un résultat fâcheux pour elle, puisque ce dernier s'empressera d'y recourir, si l'acquisition lui paraît, soit à la suite de réflexions sérieuses, soit en raison de dégradations fortuitement subies par l'immeuble, préjudiciable à ses propres intérêts.

Ce n'est pas encore tout : si l'aliénation est frappée d'une nullité relative, la femme peut, selon les principes (art. 1338), faire disparaître cette nullité en ratifiant l'aliénation. Cette ratification ne saurait d'ailleurs intervenir qu'au moment où l'aliénation elle-même devient possible, c'est-à-dire après la dissolution du mariage. Au contraire, dans la théorie de la nullité absolue, aucune ratification ne peut être donnée ; car l'acheteur aurait de son côté une action que ne pourrait éteindre un acte unilatéral émanant de la femme. On ne pourrait donc donner à l'aliénation toute sa valeur qu'en la refaisant, après la cessation de l'inaliénabilité ; cette solution serait surtout importante si l'acte nul était assujetti à des solennités spéciales comme la donation ou la constitution d'hypothèque ; on admet que, dans ces hypothèses, la ratification émanant de l'incapable peut avoir lieu sous la forme d'un acte sous-seing privé ou verbalement ; au contraire, si l'acte est entaché d'une nullité absolue, il ne peut être que renouvelé. Ajoutons que la ratification produit ses effets rétroactivement, à compter du jour même où a été fait l'acte nul.

Enfin un dernier intérêt est attaché à la question que nous étudions ; il est relatif à la prescription et nous en renvoyons l'étude au paragraphe suivant.

La question ainsi posée trouve sa solution dans la première section de ce chapitre. En décidant que la femme est, quant à ses biens dotaux, frappée d'incapacité, nous avons par là même admis qu'elle est soumise à toutes les conséquences qui dérivent ordinairement de l'incapacité (1). Les auteurs qui suivent le principe de l'indisponibilité n'hésitent pas à adopter l'opinion contraire, si défavorable qu'elle soit aux intérêts de la femme (2).

Mais il faudrait se garder d'attacher à cette distinction une importance exagérée ; on a essayé récemment d'en conclure que le mari peut agir en nullité même après la séparation et que réciproquement, la femme n'a pas besoin d'attendre ce

_________

(1) Tessier, *De la dot*, t. 2, note 687. — Rodière et Pont, t. 3, n° 1883. — Aubry et Rau, t. 5, § 537, p. 562, note 21. — Laurent, t. 23, n° 501. — Colmet de Santerre, t. 6, n° 232 bis. — Guillouard, t. 4, n°ˢ 1840 à 1853. — Cass. req., 25 avril 1831. S. 32. 1. 623.

(2) Mongin, *Revue critique*, 1886.

moment pour intenter son action contre l'acquéreur (1).

L'erreur de cette affirmation est évidente. Il n'est plus question ici de la nature de la nullité, mais des droits respectifs des époux sur les biens dotaux et les actions dotales. Or, après la séparation de biens, le mari n'a aucunement le droit de s'immiscer dans les affaires de la femme (2) ; et, avant la séparation, la femme ne peut, d'après la décision antérieurement donnée, agir même avec l'autorisation du mari (3).

2º *Aliénation faite par la femme seule.* — La solution de la précédente hypothèse s'impose encore ici ; si la nullité de l'aliénation repose sur l'indisponibilité du fonds dotal, elle est certainement absolue ; dans le cas contraire, elle est relative ; peu importe que la femme à sa première incapacité en joigne une seconde, celle qui dérive du défaut d'autorisation.

3º *Aliénation faite par le mari seul.* — Si le mari vend le bien de la femme comme lui appartenant, il n'est guère douteux que l'article 1599 trouve son application. Il s'agit, en effet, de la vente d'une chose d'autrui faite dans les conditions prévues par cet article, c'est-à-dire sans indiquer le véritable propriétaire ; or, l'opinion qui nous paraît la plus exacte est que la disposition de l'article 1599 est sanctionnée par une nullité absolue.

Mais qu'arrive-t-il si le mari présente le bien dotal comme appartenant à la femme (qu'il déclare d'ailleurs ou qu'il ne déclare pas la dotalité) ? Dans le système de l'indisponibilité on n'est pas embarrassé ; si l'on décide que l'aliénation faite par le propriétaire est frappée d'une nullité absolue, on est tenu d'adopter, à plus forte raison, la même solution pour le cas où elle émane d'une personne qui n'en est pas propriétaire.

Il semble au premier abord que la doctrine que nous avons

(1) Mongin, *loc. cit.*

(2) Colmet de Santerre, t. 6, nº 232 (bis). Laurent, t. 23, nº 508. — Guillouard, t. II, nº 1893. — Aubry et Rau, t. 5, § 537, p. 564, note 26.

(3) Guillouard, t. II, nº 1894. — Aubry et Rau, t. 5, § 537, p. 565, note 30.

adoptée conduise à la même solution. D'abord il y a certainement nullité, car l'art. 1560 embrasse cette hypothèse (arg. de
l'alin. 2). Or si on peut parler d'incapacité, c'est seulement de
la part du propriétaire ; un tiers, que ce soit ou non le mari,
est dans l'impossibilité d'aliéner, non pas parce qu'il est incapable, mais parce qu'il n'a aucun droit sur la propriété d'autrui.
On serait donc tenté de dire que s'il y a une nullité, c'est par
application de l'article 1599.

C'est à tort, croyons-nous, que l'article 1599 interviendrait
ici ; cette disposition n'annule pas, tout le monde en convient,
la vente où la chose est indiquée comme appartenant à autrui ;
sans doute, ce n'est plus une vente, puisqu'elle ne peut pas
transférer la propriété ; mais elle n'en est pas moins productive
d'obligations, et le vendeur ni l'acquéreur ne peuvent se soustraire aux engagements réciproquement contractés par eux.

Ce n'est donc pas parce qu'il s'agit de la chose d'autrui que
la vente consentie par le mari est nulle, mais uniquement à
cause de l'inaliénabilité ; et cette inaliénabilité, nous en avons
déterminé les caractères : elle repose sur une incapacité de la
femme, et ne peut, en conséquence, entraîner qu'une nullité
relative.

Sans doute c'est le mari qui a traité, mais il n'est pas un
simple tiers, il est mandataire de la femme et ses pouvoirs sont
beaucoup plus larges qu'ils ne le sont sous tout autre régime ;
ne doit-on pas dire qu'il agit encore comme mandataire lorsqu'il vend l'immeuble dotal, en déclarant qu'il appartient à la
femme, et ne doit-on pas conclure que le transfert de la propriété rencontre son obstacle non pas dans l'insuffisance de ses
pouvoirs, mais uniquement dans l'inaliénabilité ? Qu'en résulte-
t-il ? C'est que la femme elle-même est censée avoir agi, et que
la nullité, dérivant de sa propre incapacité, est relative. (art.
1125).

Notre solution trouve un invincible appui dans l'article 1560,
qui assimile, sous le rapport de la révocation, les trois cas d'a-

liénation par le mari, par la femme ou par les deux époux, et qui par cela même les soumet aux mêmes règles. Cet article ajoute, comme pour dissiper toute espèce de doute, que la femme ou le mari pourront agir, et il ne mentionne pas l'acquéreur.

On objecte souvent que le mot de *révocation* s'applique aussi bien à la nullité absolue qu'à la nullité relative ; on en conclut que l'article 1560 a simplement voulu annuler l'acte, sans en tirer les conséquences, qui doivent dépendre du droit commun. Nous ne répondrons pas par un argument tiré de l'article 953, qui appelle actions en révocation des actions accordées à une seule des parties ; c'est précisément cet article 953 qui prouve que le mot de *révocation* n'a pas un sens bien certain ; car il montre que ce terme désigne des actions en résolution, alors qu'il n'est question dans l'article 1560 que d'une action en nullité.

Mais ce n'est pas sur cette expression de l'article 1560 que nous nous sommes fondés, c'est sur le rapprochement qu'il a fait entre les trois cas d'annulation, et sur l'exclusion implicite de l'acquéreur qui s'y trouve contenue. C'est, plus encore sur le mandat général accordé au mari relativement aux biens dotaux.

Cette supposition d'un mandat donné à l'effet de consentir un acte nul n'a rien d'étrange ; elle n'est qu'un reste de la législation romaine, qui conférait au mari la propriété des biens dotaux. Aujourd'hui, il n'est plus propriétaire, mais il n'en a pas moins conservé ses anciens pouvoirs dans toute leur largeur. Les textes du Code civil le montrent bien ; dans l'article 1554, et dans l'article 1560 lui-même, il n'est pas question de la vente faite par la femme autorisée du mari, mais par les deux conjointement ; c'est également au mari « avec le consentement de la femme » que l'article 1557 permet l'échange des biens dotaux. N'est-ce pas reconnaître au profit du mari un droit qui lui donne tous les avantages de la propriété, du moins en ce qui concerne les actes à titre onéreux? et cette solution n'acquiert-elle pas un incontestable caractère d'évidence, si on compare les dispositions que nous venons de citer avec les articles 1555 et 1556, où il est question d'actes à titre gratuit et où la femme agit « avec l'autorisation de son mari? »

En résumé, c'est par une distinction que se résout la question du caractère de la nullité de l'aliénation émanant du mari seul : s'il présente le bien comme lui appartenant, il vend la chose d'autrui et la nullité est absolue, sinon il agit comme mandataire de la femme et la nullité n'est que relative.

D'après la doctrine et la jurisprudence, la femme n'en est pas réduite à l'action en nullité des aliénations consenties par le mari; on lui accorde le droit, lorsque le mari figure seul ou avec sa femme à l'aliénation, au lieu de réclamer son immeuble, d'obtenir du mari une indemnité qui en représente la valeur (1). Comme cette demande suppose qu'elle a ratifié l'aliénation, et que cette ratification ne peut avoir lieu qu'après la dissolution du mariage, on lui permet, avant ce moment, et à titre de mesure conservatoire, de se présenter aux ordres ouverts sur le mari et de réclamer une collocation éventuelle, au rang que lui assigne son hypothèque légale (2).

Cette solution nous paraît inexacte dans toutes les hypohèses où on l'admet.

Pour prendre d'abord l'aliénation faite conjointement par les deux époux, de quel droit la femme ferait-elle peser sur le mari les conséquences d'un acte accompli par elle-même? En vain dirait-on qu'elle est présumée avoir agi sous l'influence de son mari; cette raison est, pour ainsi dire, purement morale,

(1) Troplong, *Des hypothèques*, t. 2, n° 612. — Rodière et Pont, t. 3, n° 1894. — Aubry et Rau, t. 5, § 537, p. 563, note 27. — Guillouard, t. 4, n° 1801. — Jouitou, *Régime dotal*, n° 225. — Cass. req., 12 mai 1855. S. 55. 1. 420, et arrêts antérieurs. — Trib. Riom, 13 août 1886, *Pandectes françaises*, 1887, 224.

(2) Aubry et Rau, t. 5, § 537, p. 564, note 28. — Guillouard, t. 4, n° 1891. — Trib. Riom, 13 août 1886, précité.

et suppose d'ailleurs une présomption légale qu'aucun texte
édicte. En vain aussi argumenterait-on du but du régime dotal, qui est de protéger efficacement la femme contre sa propre
faiblesse et contre l'abus d'influence du mari ; l'observation est
vraie en elle-même, mais elle ne suffit pas pour justifier une
protection supplémentaire qui viendrait s'ajouter à celle du
législateur. Le principe de l'inaliénabilité, et la sanction que lui
donne l'art. 1560 garantissent la femme d'une façon assez large
pour qu'elle ait paru suffire.

Ces arguments subsistent avec la même force lorsque l'aliénation est faite par le mari seul ; nous avons montré en effet,
que ce dernier est mandataire de la femme ; c'est donc la femme
qui est censée avoir agi avec l'autorisation de son mari et nous
retombons dans le cas précédent.

Ajoutons que l'opinion contraire outrepasse certainement la
volonté du législateur, en donnant à la femme une option peu
justifiable et en lui permettant, au cas où l'immeuble vendu
aurait diminué de valeur, de se faire rembourser par le mari
le prix qu'il avait touché. Ne voit-on pas qu'on fait alors plus
que sauvegarder la dot et qu'on augmente le patrimoine destiné à subvenir aux besoins de la famille ? la femme n'est-elle
pas suffisamment protégée par l'inaliénabilité elle-même, qui
lui permet de reprendre l'immeuble ?

La question étant résolue en ces termes, il est inutile d'examiner si la femme jouit, pour le recouvrement de l'indemnité,
d'une hypothèque légale. L'affirmative nous paraît certaine
dans l'opinion que nous avons combattue, puisque c'est là incontestablement une créance qui lui est accordée en qualité de
femme mariée ; seulement lui est-il possible, comme on le dit,
de produire à l'ordre ouvert sur les biens du mari pendant le
mariage et d'y réclamer une collocation ? Non, sans aucun doute,
avant la séparation de biens, puisque la femme n'a pas encore
le droit d'exercer ses actions. Après la séparation, on convient
qu'elle ne peut être colloquée définitivement, parce que cette

collocation entraînerait une ratification implicite, c'est-à-dire un acte interdit pendant le mariage ; quant à la collocation provisoire l'opinion générale l'ouvre à la femme. Le droit à l'indemnité, en supposant qu'il existe, ne naît, il est vrai, qu'à la dissolution du mariage, puisqu'il suppose que l'immeuble a été valablement aliéné, et puisque d'un autre côté l'aliénation ne peut devenir définitive que par un fait postérieur à cette dissolution ; mais la femme est dans cette circonstance assimilable à un créancier conditionnel et peut obtenir une collocation provisoire.

La doctrine qui permet à la femme d'opter pour une indemnité soulève une autre question : quel est le rang de l'hypothèque par laquelle cette indemnité est garantie ? Sans entrer dans les détails, nous nous rangeons à l'opinion des auteurs d'après lesquels cette hypothèque ne remonte qu'au jour de l'aliénation ; nous étudierons plus spécialement une question analogue lorsque nous nous occuperons du remploi ; et les arguments dont nous aurons alors l'occasion de nous servir pourront se reporter ici (1).

### § III. — Fins de non recevoir.

Les fins de non recevoir généralement opposables à la personne qui intente une action en nullité fondée sur son incapacité sont : la garantie, la confirmation, et enfin la prescription. Voyons quelle influence produit l'inaliénabilité sur ces fins de non recevoir.

1° *Garantie.* — Le mari, d'après l'article 1560, est tenu à des dommages-intérêts envers l'acheteur s'il ne lui a pas déclaré que l'immeuble était dotal ; on peut dire que c est le résultat d'une obligation de garantie qu'il contracte de plein droit.

(1) Voy. plus bas, section IV, § 2. III.

Il en est autrement s'il a présenté le bien comme dotal : mandataire de la femme, il n'est pas tenu des suites de l'aliénation ; la femme elle-même, dans ce cas, n'est pas obligée à la garantie, puisque l'acquéreur connaissait le vice qui affectait son titre, et n'a, en conséquence, de reproches à adresser qu'à lui-même.

Quant à la femme qui vend elle-même l'immeuble dotal, — autorisée ou non du mari, — on admet généralement (1) avec raison, selon nous, qu'elle n'est pas tenue à garantie ; la combinaison des différents alinéas de l'article 1560 impose cette solution ; si en effet, cet article, en permettant au mari de faire révoquer l'aliénation qu'il a consentie sans déclarer que le bien était dotal l'oblige à payer une indemnité, il accorde le même droit à la femme ou à ses héritiers sans faire mention de cette même dette.

Cette solution, qu'on présente toujours comme contraire aux principes, nous paraît absolument d'accord avec eux : la nullité de l'aliénation repose, nous l'avons dit, sur une incapacité de la femme. Or l'incapable ne contracte certainement aucune obligation de garantie envers son co-contractant ; celui-ci n'a droit qu'à la restitution du prix, et doit, pour l'obtenir, prouver que l'incapable en a tiré profit. Telle sera la situation de l'acquéreur, que le bien ait été vendu par la femme, soit seule soit autorisée du mari, ou par le mari mandataire de sa femme et déclarant la dotalité de l'immeuble. Ajoutons que les biens paraphernaux seuls répondront de ce profit, puisque les dettes de la femme ne sont pas exécutoires sur les biens dotaux. Disons également que si la femme a, dans l'aliénation, commis un délit — en usant par exemple de moyens frauduleux pour dissimuler l'inaliénabilité — elle répondra des suites de ce délit sur tous ses biens même dotaux.

(1) Aubry et Rau, t. 5, § 537, p. 571, note 49. — Guillouard. t. 4, n° 1922 — Riom, 5 décembre 1883. D. 85. 2. 84.

Si l'incapacité de la femme s'oppose à ce qu'elle soit de plein droit garante, l'obligation de garantie expressément contractée par elle ne pourra pas davantage s'exécuter sur les biens dotaux : la femme n'a pas le droit de s'enlever indirectement la faculté de recouvrer ses biens dotaux indûment aliénés (1).

Mais, qui l'empêchera de contracter formellement une obligation de garantie sur ses biens paraphernaux? L'incapacité dont elle est frappée ne porte que sur les dotaux, elle reste entièrement libre de s'obliger, avec l'autorisation du mari, sur les paraphernaux (2).

Cette solution est certaine dans la doctrine de l'indisponibilité, qui évidemment ne frappe que les dotaux et qui n'atteint aucunement la capacité personnelle de la femme. Mais quelques-uns des partisans du système de l'incapacité n'ont pas cru pouvoir l'admettre : si la femme est incapable, ont-ils dit, elle doit l'être entièrement ; on ne conçoit pas une incapacité limitée à certains biens (3).

Cette objection ne nous paraît pas fondée : la femme n'est incapable que dans l'intérêt de la conservation de la dot ; tous les actes qui n'ont pas pour résultat direct ou indirect la dissipation d'une portion des biens dotaux lui sont donc permis dans les conditions mêmes où ils sont autorisés au profit de la femme mariée sous tout autre régime. Or il est incontestable que la femme mariée peut contracter un engagement quelconque avec l'autorisation de son mari.

Qu'importe que la dot ne soit pas alors complètement sauvegardée et que la femme puisse hésiter devant une action en nullité dont l'effet serait de lui faire rendre une valeur équivalente et souvent supérieure à celle qu'elle réclamerait? C'est là

---

(1) Aubry et Rau, t. 5, § 537, p. 565, note 32. — Guillouard, t. 4, n° 1896.

(2) Aubry et Rau, t. 5, § 537, p. 572, note 51. — Rodière et Pont, t. 3, n° 1880. — Guillouard, t. 4, n° 1904. — Riom, 5 décembre 1883. D. 85. 2. 84.

(3) Gide, *Revue critique*, 1866, t. 29, p. 89. — Marcadé, t. 6 sur l'article 1560, n° 4. — Jouitou, n° 219.

une considération de fait qui ne saurait être d'aucune utilité dans l'interprétation d'un texte législatif. Il suffit que l'acquéreur ne puisse opposer à la femme intentant son action en nullité, l'adage *quem de evictione tenet actio eumdem agentem repellit exceptio*, pour que la dot soit sauvegardée en elle-même, et la loi n'exige rien de plus.

Il peut même se produire certaines circonstances postérieures à l'aliénation, dont l'effet sera de permettre à l'acquéreur, de conserver les biens dotaux aliénés à son profit. Supposons que le mari soit obligé à la garantie, que sa succession soit dévolue à la femme, ou aux héritiers de celle-ci, et acceptée purement et simplement, ou réciproquement que le mari hérite de sa femme. Dans le premier cas, en acceptant la succession du mari, la femme ou ses héritiers prendront à leur charge toutes les dettes qui la grevaient, et notamment la dette de garantie ; cette dette pourra être poursuivie sur tous leurs biens personnels, et notamment sur les biens dotaux ; on ne pourrait objecter que la dot répond uniquement des dettes postérieures à la dissolution du mariage ; il s'agit justement ici d'une dette qui n'incombe à la femme ou à ses héritiers qu'en raison de l'acceptation de la succession du mari, c'est à-dire d'un événement qui s'est produit après la dissolution du mariage (1).

De même, si c'est le mari qui accepte la succession de la femme, aucun obstacle ne s'opposera à la poursuite de la garantie sur les biens dotaux ; ce n'est pas, en effet, la dette de la femme, (nous verrons que celle-ci ne peut-être, même après la dissolution du mariage, exécutée sur les biens dotaux), mais celle du mari qui est poursuivie, et dont répondent tous les biens de celui-ci, à quelque titre qu'ils lui appartiennent.

En résumé, l'obligation de garantie de la femme ne pourra

_______

(1) Tessier, *De la dot*, t. 2, note 706. — Aubry et Rau, t. 5, § 537, p. 566, note 34. — Guillouard, t. 4, n° 1798. — Cass. req., 7 juin 1882. S. 85. 1, 220. — Cass., 24 mars 1885. S. 85. 1. 220.

jamais être poursuivie sur les biens dotaux même après la dissolution du mariage, mais il en est autrement, dans certaines circonstances, de celle du mari. C'est une distinction qui ne paraît pas avoir été suffisamment faite, mais dont le bien fondé est indéniable.

2° *Ratification*. — La ratification ou confirmation de l'aliénation ne peut intervenir qu'après la dissolution du mariage, car c'est à ce moment seulement que disparaît l'inaliénabilité, qui survit même à la séparation de biens. Or la ratification, ayant pour objet de rendre l'aliénation définitive, ne peut évidemment avoir lieu tant que cette aliénation est interdite.

Dans le système qui fait reposer l'inaliénabilité sur une indisponibilité, cette ratification ne serait même jamais possible : une nullité absolue a frappé l'aliénation du bien dotal, et la femme ne peut, par un acte émanant de sa seule volonté, faire obstacle à l'action de l'acquéreur.

Les partisans de la théorie de l'incapacité ne donnent pas la même portée à la ratification : tous admettent bien que, dans le cas où la femme a figuré à l'aliénation, il s'est produit une nullité relative, susceptible de s'éteindre par la confirmation : mais, lorsque l'acte émane du mari seul d'après quelques-uns, une nullité absolue entache toujours l'aliénation et l'acquéreur peut s'en prévaloir (1).

En rejetant le principe sauf pour une hypothèse, nous avons d'avance rejeté la conséquence : la femme a, selon nous, agi par l'intermédiaire du mari, son mandataire, et ce cas ne présente, par suite, rien de spécial.

Nous nous garderons bien de justifier cette solution à l'aide de la théorie adoptée par certains auteurs, sous l'article 1599 : on admet souvent que le propriétaire, dont la chose est vendue par un tiers, peut éteindre l'action de l'acquéreur contre ce tiers, en confirmant la vente (2).

(1) Laurent, t. XIII, n° 504. Jouitou n°ˢ 185 et suiv.
(2) En ce sens, Guillouard, t. 4, n° 1909.

Nous resterons en dehors de cette théorie, qui nous paraît gravement inexacte, et qui étend outre mesure le champ d'application de la confirmation, en l'autorisant de la part d'une personne étrangère à l'acte nul. Aussi, déciderons-nous que, dans un des cas que nous avons étudiés, celui où le mari a vendu le bien dotal en le présentant comme sien, la ratification est impossible, parce que la nullité est absolue. Si la femme peut reprendre son bien, le mari peut, de son côté, la forcer à l'accepter ; il a donc une action à laquelle la volonté de la femme ne peut mettre aucun obstacle.

Nous n'avons pas à déterminer les conditions nécessaires pour que la ratification soit valable; elle doit tout d'abord, émaner de la femme ou des héritiers, puisqu'ils sont seuls propriétaires de l'objet indûment aliéné. On ne peut même pas soutenir qu'il faille également le consentement du mari dans l'hypothèse où l'aliénation émane de la femme seule. Sans doute, à l'incapacité provenant de la dotalité, est venue s'ajouter une seconde incapacité qui dérivait du défaut d'autorisation; mais, après le mariage, — et la confirmation ne peut être donnée qu'à partir de la dissolution, — il ne peut plus être question d'autorisation, le mari a perdu sa puissance maritale, et la femme ou ses héritiers sont devenus capables.

Quant aux conditions intrinsèques de la ratification, nous renvoyons à l'article 1338, dont l'application est évidente.

3° *Prescription.* — Les difficultés que nous avons rencontrées à propos de la confirmation, se reproduisent ici.

Il existe, en effet, deux sortes de prescriptions, la prescription extinctive des actions et la prescription acquisitive des propriétés. La première, qui est de dix ans, s'applique notamment aux actions en nullité relative données aux incapables (art. 1304); la seconde, dont la durée est fixée, suivant que le possesseur est de bonne ou de mauvaise foi, soit à dix ou vingt ans, soit à trente ans, est seule possible, lorsqu'il y a nullité absolue : la prescription de dix ans est, en effet, considérée comme une confirmation tacite et ne peut, par suite, être admise que dans les cas où la confirmation est elle-même possible.

Ce même fondement explique une importante différence qui existe entre ces deux prescriptions au point de vue de leur point de départ ; la prescription acquisitive est fondée sur une possession prolongée et présentant le caractère requis par la loi ; elle court donc à partir du moment où le tiers détenteur est entré en possession. Au contraire, on admet généralement, en raison des exemples cités par l'article 1304, que la prescription extinctive des actions en nullité, ne court jamais que du moment où la confirmation est possible ; cela est, dans tous les cas, certain pour les hypothèses où l'article précité donne formellement cette solution : cette prescription court notamment « pour les actes passés par les femmes mariées non autorisées, du jour de la dissolution du mariage ».

Appliquée à l'aliénation du fonds dotal, voici les conséquences auxquelles conduit cette théorie.

L'aliénation, faite par le mari, d'un immeuble dotal, qu'il déclare lui appartenir, étant frappée comme nous l'avons dit de nullité absolue, une possession sera nécessaire à l'acquéreur, pour être à l'abri de l'action de la femme ; cette possession devra être de dix à vingt ans, suivant la distinction de l'article 2265, si l'acquéreur est de bonne foi, c'est-à-dire n'a pas eu, d'une autre manière, connaissance de la propriété du bien, elle sera, dans le cas contraire, de trente ans.

Si l'aliénation émane de la femme seule, la prescription sera de dix ans à compter de la dissolution du mariage, conformément à l'article 1304. Même solution dans l'hypothèse où la femme est autorisée du mari. Sur ces deux points, le système de l'indisponibilité décide logiquement le contraire, puisqu'il se croit en présence d'une nullité absolue, et, par suite, hors de l'application de l'article 1304.

Enfin, si le mari aliène l'immeuble en déclarant qu'il est la propriété de la femme, les deux théories de l'indisponibilité et de

l'incapacité sont à peu près d'accord pour rejeter l'application de
l'article 1304 : toutefois les auteurs qui n'accordent au propriétaire dont la chose est vendue par autrui qu'une action en nullité
relative, susceptible de confirmation, doivent logiquement décider que la prescription de l'article 1304, reposant sur une confirmation tacite, doit, ici encore, être admise. Nous admettons cette
dernière solution, mais par le motif que le mari a agi en qualité
de mandataire de la femme ; la situation est donc la même que
si celle-ci avait figuré au contrat, munie de l'autorisation du
mari.

En résumé, la prescription acquisitive ne s'appliquera que
dans un seul cas, celui où le mari aura aliéné, sans le concours
de la femme, le bien dotal, en le présentant comme sien.

Notre théorie est, dans toutes ses parties, confirmée par les
textes spéciaux au régime dotal.

C'est à la fois de l'aliénation consentie par le mari, par la
femme, ou par les deux conjointement, que parle l'article 1560,
lorsqu'il indique les caractères de l'action en nullité. Or nous
avons déjà prouvé que, dans les trois cas, il ne reconnaît qu'une
nullité relative ; ceci seul suffirait pour nous obliger à admettre
dans l'une et l'autre de ces hypothèses la prescription de l'article 1304, si l'article 1560 ne prenait soin d'ajouter, comme
pour mieux confirmer cette induction « sans qu'on puisse leur
» opposer aucune prescription pendant sa durée ».

Quant au cas où le mari a vendu le bien dotal comme sien,
il n'est pas prévu par l'article 1560 (alinéa 1er) ainsi que nous
l'avons montré plus haut. Si donc on suivait les principes que
nous venons d'exposer, la prescription commencerait dès l'entrée en possession de l'acquéreur.

Mais à ces principes l'article 1561 apporte une dérogation :
« les immeubles dotaux non déclarés aliénables pour le contrat
» de mariage, sont imprescriptibles pendant le mariage, à
» moins que la prescription n'ait commencé auparavant. Ils
» deviennent néanmoins prescriptibles après la séparation de

» biens, quelle que soit l'époque à laquelle la prescription a
» commencé ».

L'objet principal de l'article 1561, objet dont nous n'avons
pas à nous occuper, est de régler l'hypothèse où un tiers s'est
emparé du bien dotal et l'a possédé sans titre, c'est-à-dire
comme usurpateur. Et sur ce point la loi fait une distinction ;
la prescription ne court dès le mariage que si elle a commencé
à courir antérieurement ; elle peut donc continuer, mais non
pas débuter pendant le mariage. Mais à partir de la séparation
de biens, les biens dotaux redeviennent prescriptibles.

Cette distinction est empruntée au Droit romain, où les biens
dotaux devenaient également prescriptibles à partir de la restitution de la dot. Mais là elle se justifiait mieux : l'inaliénabilité était dirigée contre le mari propriétaire ; on concevait
assez bien que l'imprescriptibilité cessât au moment où la
femme reprenait l'administration de sa dot, car elle pouvait
alors exercer elle-même les actions dotales et, d'un autre côté,
la prescription exigeant un certain laps de temps, était moins
dangereuse que l'aliénation. Aujourd'hui c'est au contraire
contre sa propre faiblesse que l'inaliénabilité garantit la femme ;
et cette faiblesse subsiste aussi grande après la séparation. On
ne peut donc attribuer, selon nous, qu'à une réminiscence des
anciens principes, la disposition de l'article 1561.

Quoiqu'il en soit, cette disposition, par la généralité de ses
termes, embrasse toutes les prescriptions, sauf celles qui sont
déjà prévues par l'article 1560. Elle a donc trait notamment
— et ceci nous paraît incontestable, — à l'aliénation faite par
le mari d'un bien dotal qu'il déclare lui appartenir.

Toutefois il est rare que, dans notre hypothèse, l'article 1561
trouve son application ; la prescription ne commence ordinairement à courir qu'à partir de la dissolution du mariage, et
alors, ses règles loin de différer des règles des autres régimes,
se confondent avec elle.

L'article 2256 porte, en effet, que la prescription est suspen-

due « *pendant le mariage.*.... 2° dans le cas où le mari, ayant
» vendu le bien propre de la femme sans son consentement,
» est garant de la vente et dans tous les autres cas où l'action
» de la femme réfléchirait contre son mari ».

Aussi dans le cas où le mari est garant de la vente, — et il
en est ainsi dans notre espèce, — la prescription ne court qu'à
partir de la dissolution du mariage, sous quelque régime que
les époux soient mariés. On n'ignore pas le motif de cette disposition inspirée par l'idée que la femme se trouve jusqu'à la
dissolution du mariage exposée à une sorte de contrainte morale, et n'ose pas intenter une action qui, en entraînant un recours contre le mari exciterait la désunion entre les époux.

Il faut donc supposer pour que l'article 2256 ne s'applique
pas, — et pour que la prescription d'un bien dotal aliéné soit
soumise à un point de départ différent de celui des autres régimes, — que l'action de l'acquéreur ne puisse pas réfléchir
contre le mari.

Suffira-t-il pour cela que le mari ait stipulé la non-garantie?
Non, quoique le texte de l'article 2256 semble devoir conduire
à la solution contraire. Le vendeur de la chose d'autrui, — et
telle est la situation du mari qui n'indique pas à l'acquéreur la
propriété du bien de la femme, — est tenu au moins de la restitution du prix, et est passible, en conséquence, d'une action
de la part de l'acquéreur évincé par la femme (art. 1629).

Une double condition est nécessaire pour que le mari soit à
l'abri de toute action intentée par ce dernier et pour que, par
suite, la prescription du bien de la femme aliéné coure dès la
séparation de biens, — et dès l'aliénation sous tous les autres
régimes : il faut qu'il y ait eu stipulation de non garantie, et
qu'en outre l'acquéreur ait, ou bien connu lors de la vente le
danger de l'éviction, ou bien acheté à ses risques et périls
(art. 1629).

Telles sont les règles auxquelles nous ont conduit l'application des principes généraux et l'interprétation des textes spé-

7

ciaux. Sauf les controverses que nous avons rapportées, elles
ne donneraient lieu à aucune difficulté si l'article 2255 ne venait
pas détruire, au moins en apparence, notre théorie, en décidant que la prescription court, pour le fonds dotal aliéné, conformément à l'article 1561. Or, l'article 1561, nous l'avons vu,
ne prévoit pas, en principe, l'aliénation ; celle-ci est réglée par
l'article 1560 et chacun de ces deux articles donne à la prescription un point de départ différent. L'article 2255 reprend
l'hypothèse réglée par l'article 1560 et donne à la prescription
le point de départ admis par l'article 1561. Est-il possible de
concilier ces diverses solutions ?

La conciliation est très facile si on veut bien admettre qu'à
côté de la prescription de dix ans, il existe pour l'action en nullité une autre prescription de trente ans ; que l'article 1304 en
d'autres termes, ne détruise pas l'article 2262. L'action en nullité
serait donc soumise à une double prescription (1), l'une qui
repose sur une confirmation et qui ne peut courir que de la
dissolution du mariage, parce que la confirmation expresse ne
peut elle-même avoir lieu qu'à partir de cette époque, l'autre
qui n'est que l'application de l'article 2262, et qui s'opère dès
le jour où la femme a acquis la possibilité de l'interrompre,
c'est-à-dire à partir de la séparation de biens.

Cette opinion, quoique fort spécieuse, est restée isolée : elle
a le tort de résoudre une question controversée à l'aide d'une
solution fort douteuse ; il n'est pas admis en effet, sans contestations que la nullité pour incapacité soit soumise à deux prescriptions ; nous croyons même, pour notre part, que l'article 1304 déroge à l'article 2262, et substitue à la prescription
du droit commun une prescription différente. En outre, l'article 1560, s'exprime dans les termes les plus généraux, et s'il y
a deux actions en nullité, le point de départ de leur prescription
doit être le même ; l'article 1561, de son côté, n'a certainement
pas, ses termes le prouvent, réglé cette hypothèse.

(1) Aubry et Rau, t. 5, § 537, p. 568, note 40.

D'autres auteurs distinguent entre l'aliénation par la femme ou les deux époux, qui serait prévue par l'article 1560, et celle qui est faite par le mari seul. Cette dernière tomberait sous le coup de l'article 1561. Cette opinion, quoique plus généralement adoptée que la précédente, nous paraît encore plus difficile à admettre : si l'article 2255 renvoie à l'article 1561 il y renvoie pour l'aliénation émanant de l'un ou l'autre des époux, car il ne fait pas de distinction. En outre, la dernière objection que nous avons faite à la doctrine précédemment exposée peut être reproduite ici dans les mêmes termes.

Nous préférons nous ranger à une opinion récemment proposée, et qui nous paraît devoir rallier la doctrine tout entière (1) : il paraît certain que le renvoi de l'article 2255 provient d'une erreur matérielle du législateur; l'article 37 du projet du titre de la prescription qui est devenu l'article 2255 renvoyait à l'article 174 du titre du contrat de mariage, lequel fut plus tard l'article 1560 ; en procédant à la revision de l'article 2255, on crut à tort que l'article 174 était devenu l'article 1561 (2).

Cette explication ne donne prise, selon nous, à aucune objection : que l'article 2255, en se référant à l'hypothèse prévue par l'article 1560, la règle par la solution adoptée par ce dernier article, il n'y a là rien que de très naturel.

(1) Deloynes, sur Tessier, *Société d'acquets*, p. 19. — Guillouard, t. 4, n° 1913.

(2) On a rappelé à ce propos, que l'article 477, du Code pénal renvoie à l'article 476, qu'il prend pour l'article 475.

## Section III. — De l'aliénation des meubles dotaux.

Nous devons nous demander maintenant si l'aliénation des meubles dotaux peut être valable. Il faut donc examiner si l'inaliénabilité de l'article 1554 se restreint aux immeubles ou s'étend au contraire aux meubles. Cette question une fois résolue, il semble à première vue que celle que nous avons posée tout d'abord se trouvera tranchée. Cependant, la jurisprudence, tout en décidant que la règle de l'article 1554 s'applique aux meubles, en permet sous certaines conditions l'aliénation. Ce qui rend le problème moins important qu'on ne pourrait le penser, c'est que cette jurisprudence paraît définitivement établie.

Commençons par rappeler que, le mari devenant propriétaire d'une grande quantité de meubles en vertu de l'article 1551, peut en disposer de la manière la plus libre à charge d'en restituer la valeur. Ce n'est évidemment que pour les meubles dont la femme a conservé la pleine propriété et dont le mari n'est qu'administrateur que la question de l'inaliénabilité peut se poser.

La jurisprudence (1) et un parti très peu nombreux dans la doctrine (2) considèrent que les meubles sont en principe, aussi inaliénables que les immeubles ; la plupart des auteurs (3), au

(1) V. les décisions citées ci-après.
(2) Voy. Wallon, *De la dot mobilière*, p. 295 et suiv.— Ripert, Note S. 84. 2. 217.— Lespinasse, *Revue critique*, 1880, p.444.— Lescœur, *Revue critique*, 1875, p. 380. — Aubry et Rau, t. 5, § 537 bis, p. 597, note 1 et suiv.
(3) Colmet de Santerre, t. 6, n° 233 bis. — Laurent, t. 23, n° 541. — Joui-

contraire, en partant des principes de l'administration du mari, soumettent la dot mobilière aux mêmes règles que sous tous les autres régimes et notamment sous la communauté réduite aux acquêts et le régime sans communauté ; le mari peut l'aliéner dans les limites de l'administration ; la femme se substitue à lui après la séparation de biens, et, conformément à l'article 1449 peut aliéner ses meubles, soit sans restriction soit, comme le veulent certains auteurs, seulement dans les limites de l'administration.

Ce n'est pas au point de vue des textes que la théorie admise par la jurisprudence peut se soutenir. L'article 1554 porte que « *les immeubles* ne peuvent être aliénés ». L'article 1560 indique les suites de l'aliénation du *fonds dotal*, et ce sont également les immeubles dotaux dont l'article 1561 règle la prescription.

C'est pourtant, en partie, sur les textes du Code civil que la jurisprudence prétend s'appuyer pour édifier sa théorie : les articles 1555 et 1556 qui permettent à la femme de donner, avec l'autorisation de son mari, *ses biens dotaux* à ses enfants, sous certaines conditions se présentent comme une exception à l'article 1554 ; or cette exception comprend à la fois les meubles et les immeubles, et, comme elle ne peut être plus étendue que la règle, l'inaliénabilité elle-même s'étend à la fortune mobilière de la femme.

La réfutation de cet argument est devenue tellement banale que nous hésitons à la reproduire : il est plus naturel d'interpréter l'exception par la règle que la règle par l'exception. Or l'inaliénabilité ne s'adresse selon les termes formels de l'article 1554, qu'à la fortune immobilière; ce texte annonce lui-même des exceptions à la règle ; il est inadmissible qu'on puisse tirer un argument des termes dans lesquels ces exceptions sont formulées, pour élargir le principe.

tou, n° 371. — Guillouard, t. 4, n° 2058. — Marcadé sur l'article 1554. — Toullier, t. XIV, n° 184.

Les exceptions des articles 1555 et 1556 ne sont d'ailleurs pas les seules que la loi apporte à la règle qu'elle édicte ; les articles 1557 à 1559 autorisent l'aliénation de la dot au cas où cette aliénation a été permise par le contrat de mariage, par la voie d'un échange, enfin dans certaines circonstances particulièrement favorables où le juge peut permettre aux époux de procéder à l'aliénation. Mais ici il n'est plus question, comme dans l'article 1554, que d'immeubles. Qu'en conclura-t-on ?

Que ces exceptions ne s'appliquent pas aux meubles ? Cette solution serait logique, puisqu'il est de principe que les dérogations ne s'étendent pas en dehors des hypothèses formellement prévues ; mais certainement personne ne songera à la proposer : elle se formulerait dans cette singulière proposition que les époux ne pourraient par leur contrat de mariage ni stipuler l'aliénabilité des meubles, ni apporter des restrictions à l'inaliénabilité, et que les meubles resteraient inaliénables même lorsqu'il s'agirait de sauver les conjoints ou leur famille de la misère.

Dira-t-on que les articles 1557 à 1559 ne citent les immeubles qu'à titre d'exemples, et que, pour se conformer à la pensée du législateur, il est nécessaire d'y ajouter les meubles ? Ce serait se mettre en désaccord avec le caractère exceptionnel, et par suite restrictif de ces dispositions.

Il est donc plus simple de reconnaître que l'inaliénabilité dans l'article 1554, comme dans les articles suivants, ne s'applique qu'aux immeubles et que par *biens dotaux* les articles 1555 et 1556, qui déclarent faire exception à l'article 1554 ne peuvent eux-mêmes entendre que les immeubles.

Il est vrai que quelquefois le Code civil par *immeubles* veut désigner tous les biens propres de la femme, et l'on peut tirer un argument dans le sens de la doctrine que nous combattons, de l'article 1428 qui accorde au mari commun sur les biens propres de la femme, un pouvoir d'administration en lui inter-

disant l'aliénation des immeubles, solution qu'on étend très
souvent aux meubles.

Mais cette exclusion est combattue par des auteurs considérables, qui donnent au mari des pouvoirs beaucoup plus étendus sur les meubles que sur les immeubles de la femme. Elle
s'inspire en tous cas d'arguments qui doivent conduire à une
solution toute contraire dans notre espèce.

Pourquoi, en effet, défend-on au mari, malgré le silence de
l'article 1428, l'aliénation des meubles de la femme ? C'est que
cette décision, tout en n'étant pas écrite dans les textes, dérive
du droit commun : le mari n'est qu'administrateur et un administrateur ne peut, en principe, disposer.

C'est une question de nature toute différente que nous agi-
tons actuellement et nous nous demandons s'il convient d'étendre une règle dérogatoire au droit commun. Aucun doute ne
devrait s'élever sur ce point : l'inaliénabilité, contraire à tous
les principes, ne doit pas s'étendre.

Elle n'est pas moins contraire à l'intention des rédacteurs
du Code : on sait déjà avec quelle difficulté l'article 1554 a été
admis ; le projet, sous le nom de régime dotal, ne réglait guère
qu'un régime sans communauté où l'inaliénabilité, regardée
comme opposée à l'ordre public, ne pouvait être stipulée. Si,
en adoptant le principe contraire, on donna satisfaction aux
représentants des pays du droit écrit, on permit au moins aux
époux de stipuler que les biens dotaux seraient aliénables et
d'adopter par là un régime qui n'aurait guère de dotal que le
nom et qui serait dépourvu de sa prérogative la plus importante.

Qu'on dise que le Code civil était excusable de n'avoir pas
rendu la dot mobilière inaliénable en raison de l'insuffisance
du développement acquis jusqu'alors par les valeurs incorpo-
relles ; qu'on ajoute qu'aujourd'hui un remaniement de la législation serait désirable ; ce sont là des idées qui peuvent
s'admettre. Il est possible, en effet que les rédacteurs du Code

civil eussent, si la fortune mobilière avait eu dès cette époque l'importance qu'elle présente aujourd'hui, étendu aux meubles l'inaliénabilité. Mais ils ne l'ont pas fait et la jurisprudence ne peut pas accorder à la femme mariée une protection que la loi lui a refusée. On a remarqué que partout la protection accordée à la fortune mobilière des incapables est moins forte que celle qui garantit leur fortune immobilière ; les pouvoirs du tuteur notamment sont beaucoup plus considérables sur cette dernière. La jurisprudence ne s'est pourtant pas reconnu le droit de les modifier en les restreignant, et il a fallu une disposition législative spéciale, — la loi du 27 février 1880, — pour faire disparaître une situation fâcheuse. Tant qu'une loi ne sera pas intervenue pour décider l'inaliénabilité de la dot mobilière, il nous paraît impossible de souscrire aux solutions adoptées par la jurisprudence.

Nous convenons que la tradition peut cependant donner à penser qu'elles se justifient ; s'il est vrai qu'en Droit romain, la dot mobilière restait aliénable, la plupart des parlements dans les pays de droit écrit, la frappèrent d'inaliénabilité. On a en vain essayé de nier cette idée que des travaux récents ont mise hors de doute (1).

Nous n'entreprendrons pas l'analyse de la jurisprudence des divers parlements, car elle nous paraît ne devoir être d'aucun secours dans l'étude de notre question. Qu'importe en effet que, dans l'ancien droit, le désir de protéger la femme ait amené l'extension de l'inaliénabilité à la dot mobilière, s'il est certain que les rédacteurs du code civil ont été moins inspirés par cette idée de protection que par la préoccupation de l'atteinte portée par l'inaliénabilité dotale au crédit ? Les parlements avaient, on le sait, un pouvoir beaucoup plus étendu que la jurisprudence d'aujourd'hui et s'arrogeaient le droit de créer en quelque sorte des dispositions législatives. D'un autre côté, les pays de

_______

(1) Voy. surtout Lescœur, *Loc. cit.* p. 383 et suiv.

droit écrit étaient favorables au régime dotal, et dès lors on ne
peut s'étonner qu'ils aient exagéré les garanties qui en déri-
vaient ; on ne faisait en somme que pousser dans ses conséquences la protection que ce régime accordait à la femme.

Il n'en est plus de même aujourd'hui : si le régime dotal a
conservé son but, il a perdu la faveur du législateur et l'on est
toujours sûr, en la restreignant dans les limites les plus étroites, de se conformer à la pensée des rédacteurs du Code civil.
Il ne suffit pas que les travaux préparatoires ne contiennent
rien sur la difficulté pour qu'elle doive être résolue dans le sens
de l'inaliénabilité ; bien plus, si les travaux préparatoires indi-
quaient cette solution, nous croyons qu'en l'état actuel des textes, elle ne serait pas admissible.

Aussi, n'attacherions pas d'importance, même s'il était
fondé, à l'argument qu'on a tiré d'une parole échappée à Portalis, au sujet de l'une des exceptions apportées à la règle de
l'inaliénabilité. Sur l'observation de Cambacérès, que l'un de
ces articles ne présente pas le degré de précision nécessaire
pour être facilement intelligible, Portalis répond que la section
s'en est référée à la jurisprudence pour l'explication de cet
article.

On a voulu conclure de ces paroles que le régime dotal n'a
été intentionnellement réglé par le Code civil que dans ses
grandes lignes et que, pour les questions non prévues, la jurisprudence a reçu une sorte de délégation du pouvoir législatif,
qui lui permet de les résoudre souverainement.

Si tel était vraiment le sens de l'observation de Portalis, nous
n'hésiterions pas à y voir une de ces réflexions malencontreuses
qu'on rencontre quelquefois dans la bouche des rédacteurs du
Code, et qui doivent être considérées uniquement comme l'expression d'une opinion individuelle. On sait que les exposés
des motifs contiennent eux-mêmes un grand nombre d'erreurs,
et que, distraits par d'autres préoccupations, les jurisconsultes
chargés de la préparation du Code civil n'ont pas pu donner à

leurs travaux tous les soins nécessaires. A plus forte raison, doit-il en être ainsi des réflexions faites par eux, sans étude et sans préparation.

Or, la réponse de Portalis, ainsi interprétée, est trop contraire au système général du Code civil pour pouvoir être admise ; on sait combien le législateur de 1804 restreint le pouvoir des tribunaux, on sait que, dans un certain nombre de circonstances, il a été jusqu'à leur enlever leur droit d'appréciation sur les faits et donner lui-même une interprétation qui aurait dû être exclusivement dévolue au juge. Et l'on veut ici que la loi ait voulu rendre la jurisprudence libre d'admettre ou de rejeter à son gré l'inaliénabilité des meubles dotaux !

Ce n'est pas d'ailleurs ce que paraît avoir voulu dire Portalis: au sujet d'une question toute spéciale qui lui était posée, il a répondu que la solution avait été donnée par la jurisprudence des parlements et qu'il y avait lieu de s'y conformer. Quelle conclusion peut-on en tirer ? Tout simplement que, pour les points sur lesquels certains doutes peuvent s'élever, il faut tenir compte de la tradition. C'est là une idée évidente, et Portalis n'a pas entendu en exprimer une autre.

Nous convenons qu'il a été également dit lors des travaux préparatoires que le régime dotal était emprunté aux pays de droit écrit tel qu'il y existait et sans aucune modification; mais ici encore on a tort de conclure que l'inaliénabilité de la dot mobilière ait passé de l'ancien droit dans le droit actuel. L'observation que nous rapportons n'a certainement eu qu'un but, c'est de montrer que les efforts faits pour supprimer l'inaliénabilité des immeubles dotaux n'avait produit aucun résultat et qu'on a voulu admettre le régime dotal tronqué qui était proposé. Il est impossible de penser que le Code civil ait reproduit l'inaliénation de la dot mobilière sans en indiquer les caractères. Si dans l'ancien droit elle était admise à peu près partout, — encore certains pays l'avaient rejetée, — ses effets n'étaient pas lés mêmes dans toutes les provinces. Tantôt l'inaliénabilité était

absolue, tantôt le mari pouvait vendre les meubles dotaux dans
les limites de l'administration, quelquefois même au-delà. La
législation variait tellement que le Code civil ne pouvait l'admettre purement et simplement et aurait été obligé, s'il avait
voulu conserver l'inaliénabilité des meubles dotaux d'en déterminer rigoureusement les caractères et les effets.

Aussi les partisans de l'inaliénabilité de la dot mobilière ne
sont-ils pas d'accord : les uns appliquent purement et simplement les articles 1560 et 1561 pour le sort de l'aliénation, les
autres, à la suite de la jurisprudence, admettent une sorte
d'inaliénabilité spéciale, qui n'empêche pas l'aliénation.

La première opinion est incontestablement la plus logique,
si l'on part de l'idée que les textes du Code civil embrassent la
dot mobilière : l'application des articles 1560 et 1561 est alors
certaine et absolue. D'un autre côté, l'inaliénabilité complète
explique seule à la différence du système de la jurisprudence,
que le Code n'ait rien dit des meubles ; l'assimilation aux
immeubles justifie l'absence des règles spéciales une fois admis
que l'inaliénabilité des meubles existe.

Mais outre les objections que nous avons présentées d'une manière générale contre l'inaliénabilité des meubles, cette doctrine
en soulève d'autres qui tiennent surtout à ses conséquences.

Si l'inaliénabilité produit, en raison de l'obligation imposée
à la femme de conserver les biens dans son patrimoine, des
résultats fâcheux en ce qui concerne les immeubles, ses inconvénients seraient beaucoup plus considérables pour les meubles :
la plupart des objets mobiliers sont sujets à dépérissement ; ils
se détériorent peu à peu par l'usage ; ils sont, en outre, improductifs.

N'est-il pas déplorable que les époux soient forcés de les garder et ne puissent les aliéner soit pour subvenir à leurs besoins
soit pour en employer le prix à l'acquisition d'autres meubles
qui leur seront plus utiles ou dont ils pourront tirer un profit?

On peut craindre également que les débiteurs de la femme

ne deviennent insolvables ; peut-être, en vendant la créance à un moment où ils ne sont pas encore au-dessous de leurs affaires, en retirera t-on un produit avantageux ; l'inaliénabilité interdit cette solution et oblige les époux à assister passivement à la disparition de leur gage.

Enfin, les valeurs mobilières, elles non plus, ne doivent pas, dans une bonne législation, rester inaliénables ; les fluctuations continuelles auxquelles elles sont sujettes en rendent souvent l'aliénation indispensable, si l'on veut éviter les pertes qui résulteront de l'insolvabilité croissante du débiteur.

Toutes ces conséquences sont fâcheuses et ne sont pas suffisamment contrebalancées par l'impossibilité où se trouve le mari de spéculer avec les biens de la femme.

Aussi certains des partisans de l'assimilation absolue des meubles aux immeubles n'osent-ils pas suivre toutes les conséquences logiques de leur théorie. Ils défendent bien l'aliénation des meubles corporels, tout en ajoutant qu'en réalité l'acquéreur sera à l'abri de toute éviction conformément à l'article 2279 ; mais ils permettent aux époux d'aliéner les meubles incorporels lorsque c'est là un acte de bonne administration. La femme, disent-ils, n'éprouve alors aucun préjudice ; elle n'a donc aucun intérêt à introduire une réclamation : *Point de griefs, point de nullité* (1).

Est-il besoin de montrer que cet adage est ici complètement détourné de son véritable sens, et que la concession faite à notre doctrine par les partisans de l'inaliénabilité est excessivement dangereuse ? si les meubles dotaux sont inaliénables, la femme peut faire révoquer l'aliénation sans avoir à prouver qu'elle subit un préjudice. Pourquoi ne déciderait-on pas pour les immeubles ce qu'on décide pour les meubles et ne dirait-on pas que la vente d'un immeuble dotal est inattaquable de la part de la femme lorsqu'elle a lieu pour un prix supérieur à la

_______________

(1) Rodière et Pont, t. 3, n° 1772 et suiv.

valeur de l'objet ? Personne ne proposera cette solution, qui est cependant aussi rationnelle que celle que nous venons d'indiquer.

L'inaliénabilité, telle que l'admet la jurisprudence, est encore plus étrange, en ce qu'elle autorise l'aliénation, non pas à titre exceptionnel, mais d'une manière régulière.

La base de cette dernière théorie est que tous les actes de disposition sur les meubles dotaux sont permis, pourvu que la femme ne diminue pas et ne compromette pas la créance qu'elle a contre son mari pour la restitution de la dot, et l'hypothèque légale qui garantit cette créance.

De là découlent les décisions suivantes. Le mari peut, tant qu'il reste administrateur de la dot, aliéner les meubles dotaux sans aucune restriction ; nous croyons même que la jurisprudence, l'autoriserait à en disposer à titre gratuit, car la créance de la femme ne se trouverait aucunement compromise (1).

Quant à la femme, tant que le mari conserve l'administration, le droit commun suffirait pour lui interdire l'aliénation ; mais elle pourrait, avec l'autorisation de son mari ou de la justice, céder ses reprises dotales ou son hypothèque légale. Ce sont ces actes que la jurisprudence lui interdit : elle ne peut ni céder à un tiers sa créance elle-même, ni, à l'aide d'une subrogation, d'une renonciation ou d'une cession de priorité, se dessaisir de son hypothèque légale (2). C'est à cette jurisprudence que fait allusion l'article 9 de la loi du 28 mars 1855, lequel, — sans vouloir trancher, ainsi qu'en font foi les travaux préparatoires, la question de l'inaliénabilité de la dot mobilière, — suppose que dans certains cas la femme ne peut pas subroger un créancier à son hypothèque légale.

Telle est la situation tant que le mari conserve l'administra-

____

(1) Cass., 3 février 1879. S. 79. 1. 353. — Nîmes, 11 janvier 1882. S. 82. 1. 137.

(2) Aubry et Rau, t. 5, § 537 bis, p. 601, note 12. — Cass., 3 décembre 1883. D. 84. 1. 334 et arrêts antérieurs.

tion dès biens dotaux ; après la séparation de biens, elle se modifie gravement et la dot mobilière devient inaliénable d'une manière absolue comme la dot immobilière (1).

Le motif que la jurisprudence assigne à l'inaliénabilité de la dot mobilière explique cette solution : la femme doit, selon elle, conserver sa créance contre son mari et les garanties que la loi y attache. Or, si l'aliénation faite par le mari, administrateur de la dot, substitue pour la femme à la propriété de son bien mobilier une créance contre le mari, l'aliénation qu'elle fait elle-même après la séparation de biens lui fait subir une perte sans compensation.

On voit que le système de la jurisprudence, est, au fond un composé de solutions logiques et nettement déduites d'un point de vue unique.

Ce point de vue, elle en trouve l'origine dans l'article 1549 qui, en donnant au mari des pouvoirs d'administration très larges, en lui permettant d'exercer les actions pétitoires de la femme, lui reconnait, dit-elle implicitement le droit d'aliéner les meubles dotaux. Cette aliénation est, sous les autres régimes, notamment sous celui de la communauté, permise au moins dans les limites de l'administration et peut-être sans aucune restriction ; à plus forte raison, ce droit doit-il lui être accordé sous le régime dotal, où ses pouvoirs sont beaucoup plus étendus.

Nous avons déterminé le véritable sens de l'article 1549, qui, en accordant au mari l'administration des biens de la femme, ne lui en permet ni explicitement ni implicitement l'aliénation ; cela est certain, non seulement dans notre doctrine mais, bien plus encore, dans celle de l'inaliénabilité. Il faut d'ailleurs remarquer que l'article 1549 ne distingue pas entre les meubles et les immeubles et qu'on ne peut, par suite, lui donner une

_______________

. (1) Tessier, *De la dot*, 1, p. 347, note 548. *Questions sur la dot*, n° 114. — Aubry et Rau, t. V, § 539, note 14.

portée plus large quant aux premiers qu'en ce qui concerne les seconds.

D'autre part il est inexact de donner à l'inaliénabilité des meubles dotaux un fondement différent de celui que la loi attribue à celle des immeubles : l'inaliénabililé ne peut d'un côté tendre à la conservation *in specie* du patrimoine et d'un autre côté à sa conservation *in genere*. Elle doit avoir partout le même fondement et les mêmes caractères.

On ne pourrait donc admettre l'inaliénabilité des meubles dotaux qu'en lui donnant les effets de celle des immeubles. Nous avons dit que cette théorie est inexacte selon nous. Il nous reste à développer les conséquences de notre doctrine.

Nous n'avons sur ce point qu'à appliquer le droit commun et à distinguer entre les deux périodes que nous avons établies en parlant du droit d'administration.

Tant que le mari gère les biens de la femme, il a la faculté de les aliéner dans les limites de son droit d'administration ; sa situation est celle qu'on lui reconnait généralement soit sous le régime de communauté, soit sous le régime sans communauté.

Les aliénations consenties au-delà de l'administration sont donc nulles ; mais, lorsqu'il s'agit de titres au porteur ou de meubles corporels, les acquéreurs deviennent immédiatement propriétaires, s'ils sont de bonne foi, en vertu de l'article 2279.

Cette dernière solution est également admise par les partisans de l'inaliénabilité dont la doctrine diffère ainsi de la nôtre moins qu'on ne pourrait le croire, et présente des résultats contraires surtout en ce qui concerne les créances et les titres nominatifs ; mais nous émettrons un doute sur l'exactitude de cette application de l'article 2279 dans leur système.

Si l'on admet, en effet, l'inaliénabilité de la dot mobilière en lui étendant les articles 1554 et suivants, il faudra également tenir compte de l'article 1560 et n'admettre la prescription de l'action en nullité de la femme, qu'à partir de la dissolution

du mariage. On objecterait à tort que cette disposition ne saurait atteindre l'article 2279, lequel édicte d'après beaucoup
d'auteurs, non une prescription, mais une présomption de propriété. Le caractère de l'article 2279 est fortement controversé ;
mais, quel qu'il soit, il ne nous paraît pas faire obstacle à l'application de l'article 1560: le but de cette dernière disposition
est de protéger la femme contre l'acquisition indirecte provenant de la possession ; or, la règle *en fait de meubles possession
vaut titre* produit une acquisition indirecte de ce genre aussi
bien que la prescription.

Nous croyons que cette solution s'impose même dans le système de l'inaliénabilité relative qu'a adopté la jurisprudence :
cette doctrine entend, en effet, l'inaliénabilité dans ce sens que
la femme, ne peut, par aucun moyen, compromettre ses droits;
or, ne les compromettrait-elle pas par la mise en possession
d'un tiers ?

Il n'est pas difficile de voir quelle perturbation jetterait dans
le commerce cette application de l'article 1560 ; aussi, la jurisprudence et les auteurs qui suivent, sous une forme quelconque,
le système de l'inaliénabilité, la rejettent sans hésitation ; mais
nous ne voyons là qu'un abandon du principe, une transaction
qui détruit toute la théorie.

Après la séparation de biens, c'est la femme qui a le droit
d'aliéner ses meubles dotaux, conformément à l'article 1449.

L'application de ce texte au régime dotal ne fait pas difficulté ; elle ne dérive pas, comme on le prétend, de l'article 1563,
lequel ne renvoie aux articles 1443 et suivants que pour la procédure de la séparation et les raisons qui peuvent la justifier.
Mais il n'en est pas moins reconnu par tout le monde que l'article 1449 règle, non seulement la séparation judiciaire intervenue sous le régime de communauté, mais aussi celle qui a lieu
sous les régimes dotal et sans communauté et même la séparation conventionnelle; la persistance de l'inaliénabilité — pour
les immeubles seulement selon nous, — est l'unique déroga-

tion au principe de l'article 1449, que souffre le régime.

Or, voici de quelle manière l'article 1449 (§ 2) règle la capacité de la femme séparée en ce qui concerne l'aliénation de ses meubles : « elle peut disposer de son mobilier et l'aliéner. »

Les actes à titre gratuit lui sont certainement interdits, quoique les termes larges de l'article 1449 semblent indiquer le contraire. C'est en effet, comme conséquence de l'administration accordée par le paragraphe 1 que le paragraphe 2 autorise l'aliénation ; or, la disposition à titre gratuit ne peut jamais rentrer dans les actes d'administration.

Mais les actes à titre onéreux, et notamment la vente, nous paraissent permis à la femme sans aucune restriction ; malgré la disposition très claire de l'article 1449, cette opinion est très controversée en doctrine et la jurisprudence paraît tendre à la rejeter.

On se fonde surtout, pour soutenir que la femme ne peut aliéner ses meubles au-delà de l'administration sur le motif qu'elle ne fait que reprendre l'administration conférée au mari par le contrat de mariage, et que, lui succédant, elle ne peut avoir des pouvoirs plus larges que lui. On ajoute que ce principe est nettement posé par l'article 1449 § 1 et que le paragraphe 2 n'en est qu'une conséquence et ne peut, par suite, en étendre la portée (1).

Ce motif ne nous paraît pas exact ; il nous semble, avec beaucoup d'auteurs, que l'article 1559 a voulu éviter les difficultés, qu'auraient eues les acquéreurs des biens de la femme, à s'assurer si l'acte conclu avec elle rentrait ou non dans l'administration. Aussi a-t-il fait une sorte de transaction, et, après avoir restreint les droits de la femme à l'administration, il a établi, au point de vue de l'aliénation, une distinction. L'aliénation des meubles est toujours permise à la femme, celle des immeu-

(1) Demolombe, *Mariage*, t. 2, n° 155. — Labbé, *Revue critique*, 1887, p. 447. — Marcadé, t. 5, sur l'article 1449, n° 3. — Guillouard, t. 2, n° 1193. — Paris, 12 mai 1859. S. 59. 2. 561. — Toulouse, 6 juin 1883. D. 85. 2. 75.

blés ne l'est jamais. Nous convenons que la première de ces dispositions a de graves inconvénients à une époque où les valeurs mobilières composent la plus grande partie des fortunes privées, mais, en l'état actuel des textes, elle nous paraît impossible à éviter (1).

En somme, le système de l'inaliénabilité, tel que l'entend la jurisprudence, aboutit à deux conséquences absolument opposées aux nôtres : selon elle, le mari peut aliéner la dot mobilière au-delà même de l'administration ; la femme ne le peut pas même dans cette limite. D'après nous, au contraire, c'est la femme qui n'est soumise à aucune restriction et, les droits du mari ne s'étendent pas au-delà de l'administration. Une des conséquences les plus heureuses de notre système est la possibilité pour la femme de céder son hypothèque légale ou d'y renoncer. Le système contraire, adopté par la jurisprudence, — est de nature à entraver singulièrement les transactions, et elle n'est peut-être pas étrangère à l'abandon du régime dotal dans certains pays où il formait autrefois le droit commun.

## Section IV. — Des exceptions à l'inaliénabilité.

Nous avons déjà parlé des actes d'aliénation qui, par exception, sont permis sur les biens dotaux, il nous reste à étudier les hypothèses dans lesquelles les contrats interdits en principe sont permis par exception.

Ces divers cas peuvent être rangés sous deux rubriques : les uns dépendent de la loi, les autres de la convention.

(1) Rodière et Pont, t. 3, n° 2190. — Aubry et Rau, t. 5, § 516, p. 403, note 56. — Colmet de Santerre, t. 6, n° 101 bis. — Laurent, t. 22, n° 301.

Les premiers donnent lieu à une importante observation : c'est que la convention peut restreindre l'inaliénabilité, dans la mesure la plus large et ne pas se contenter des hypothèses où elle est admise par la loi ; mais qu'en sens inverse les époux ne peuvent, par leur contrat de mariage, décider d'avance que les immeubles resteront inaliénables dans les cas où la loi admet la possibilité de les aliéner. Nous nous contenterons d'énoncer cette proposition, qui a été justifiée antérieurement.

### § I. — De l'aliénation permise par la loi.

On peut diviser en deux catégories les hypothèses où la loi autorise l'aliénation des biens dotaux, nous pouvons dire, maintenant, des immeubles dotaux. Ce sont celles où la dot est destinée à servir soit à l'établissement des enfants, soit à la satisfaction des besoins des époux et de leur famille. L'aliénation est alors permise malgré toute stipulation contraire, nous l'avons dit, mais aussi dans le cas même, où elle n'a pas été prévue par le contrat de mariage. On comprend sans peine les motifs impérieux qui ont décidé le législateur à déroger, pour ces deux cas, au principe de l'inaliénabilité ; mais comme ces motifs ne devaient pas faire perdre de vue la règle, on a restreint les exceptions dans des limites très étroites et on a veillé à ce que, sous leur couvert, les époux ne procédassent pas à une aliénation illégale.

### I. — *Etablissement des enfants.*

On sait ce qu'il faut entendre par établissement ; ce n'est pas seulement le mariage qui se trouve indiqué par cette expression ; elle comprend également tout fait de nature à faire obtenir une position indépendante, par exemple l'achat d'un fonds de commerce ou d'un office (1).

La femme peut aliéner ses biens dotaux pour faciliter à ses enfants leur établissement ; mais les conditions de l'aliénation sont différentes suivant que les enfants sont issus du mariage encore persistant ou d'un mariage antérieur.

Dans le premier cas, l'article 1556 exige l'autorisation du mari : et, quoiqu'en principe, celle-ci puisse être suppléée par l'autorisation de justice, il en est autrement dans notre espèce ; le rapprochement de l'article 1556 avec l'article 1555 montre en effet, que, si dans l'hypothèse prévue par cette dernière disposition, la femme peut recourir à l'autorisation de justice, le Code civil a pris soin, en s'en expliquant formellement, d'indiquer qu'il en est autrement dans l'espèce analogue réglée par l'article 1556. Cette distinction se justifie par un motif que tous les auteurs ont fait ressortir. Si, pour les enfants issus d'un premier mariage, le mari peut refuser, en raison du peu d'affection qu'il leur porte, une autorisation nécessaire, la même supposition n'est pas admissible en ce qui concerne les enfants du mari lui-même, et la loi pouvait sans danger se reposer sur la tendresse qu'il doit éprouver pour eux.

Ainsi l'aliénation destinée à l'établissement des enfants nés d'un précédent mariage peut-elle être autorisée, en cas de refus du mari, par la justice ; cependant l'article 1555 exige alors que l'usufruit du mari soit réservé.

La situation doit être la même si le mari, par suite d'incapacité ou d'absence, est hors d'état de donner son autorisation ; l'article 1555 n'accorde, il est vrai, à la femme le droit de s'adresser à la justice que si le mari refuse de l'autoriser ; mais nous avons dit déjà que les exceptions à l'inaliénabilité doivent

(1) Voy. sur diverses espèces qui se sont présentées en jurisprudence : Cass. civ. 30 mars 1874. D. 74. 1. 417. — Caen, 11 juin 1869. S. 70. 2. 96. — Montpellier, 5 juin 1872. S. 72. 2. 112. — Toulouse, 31 décembre 1883. S. 84. 2. 113.

quand cela est possible, s'entendre d'une manière très large :
on ne pourrait d'ailleurs invoquer aucun motif pour justifier
l'interprétation restrictive de l'article 1555.

Notre opinion est d'autant plus vraie que l'emploi des mots
*sur son refus* trouve son explication dans le rapprochement
des articles 1555 et 1556 : c'est seulement pour le cas de refus
que l'établissement des enfants issus ou non du mariage est
soumis à des règles diverses ; donc, si le mari est incapable ou
absent, on rentre, même pour les enfants communs, dans l'application des articles 215 et suivants, et la femme peut se servir
de l'autorisation de justice. Cette doctrine, qui nous paraît
d'ailleurs incontestée, peut également s'appuyer sur ce motif,
que l'impossibilité où se trouve la femme de recourir à l'autorisation de justice en cas de refus du mari, constitue une dérogation aux règles de l'autorisation et que cette dérogation ne
doit pas s'étendre.

Toutefois, dans toutes ces hypothèses indifféremment, la
jouissance du mari nous paraît devoir être réservée ; nous ne
voyons pas quelle raison on pourrait invoquer pour soutenir
qu'elle peut lui être enlevée : ce que l'article 1555 décide, pour
l'aliénation en cas de refus du mari, est tout aussi équitable
lorsqu'il est hors d'état de donner son consentement, et ce qui
est vrai de l'établissement des enfants issus d'un mariage antérieur doit être également vrai quand ils sont nés du mariage. (1).

On admet cependant que, (2) si le mari est interdit, le conseil de famille peut abandonner l'usufruit que le contrat de
mariage lui confère sur les biens dotaux ; on tire argument de

_______

(1) Aubry et Rau, t. 5, § 537, p. 584, note 103. — Guillouard, t. 4, n° 1992.
— Voy. cep. Colmet de Santerre, t. 6, n° 226 bis. Cet auteur fonde la doctrine
contraire sur l'article 1427 qui permet au tribunal d'autoriser la femme à engager les biens de la communauté pour l'établissement des enfants, sans
l'autorisation de justice. Mais on ne peut étendre au régime dotal une disposition faite pour la communauté.

(2) Aubry et Rau, loc. cit. — Guillouard, t. 4, n° 992.

l'article 511 qui permet au conseil de famille de l'interdit de régler la dot et les conventions matrimoniales des enfants de ce dernier. Cette opinion, — qui d'ailleurs ne peut s'appliquer qu'aux enfants communs, — ne nous paraît pas exacte. Les pouvoirs que l'article 511 confère au conseil de famille ne l'autorisent pas à disposer des biens inaliénables ; or nous avons montré antérieurement que l'usufruit du mari sur la dot ne peut pas plus être aliéné que la propriété de la femme. Cette aliénation est permise exceptionnellement pour l'établissement des enfants ; mais les articles 1555 et 1556 veulent qu'elle émane du mari lui-même, et là où la justice est impuissante, le conseil de famille ne peut s'arroger le droit de décider :

Ainsi, une seule différence existe entre l'établissement des enfants issus d'un mariage antérieur et ceux qui sont nés du mariage, elle est relative à la substitution de l'autorisation de justice à celle du mari, qui refuse de l'accorder.

La ressemblance entre les deux cas se poursuit au point de vue des modes d'aliénation permis pour l'établissement des enfants.

Les articles 1555 et 1556 se servent l'un et l'autre des mots *donner ses biens dotaux* ; malgré cette répétition d'une expression qui suppose l'aliénation à titre gratuit des biens dotaux au profit des enfants, la plupart des auteurs permettent également ment à la femme de les aliéner à titre onéreux dans les mains d'un tiers pour en employer le prix au profit des enfants ; ils l'autorisent même à les hypothéquer pour la garantie d'un emprunt contracté en vue du même but.

On fait remarquer en ce sens que le mot *donner* ne paraît pas avoir été employé avec intention par le législateur et que les travaux préparatoires ne permettent pas de supposer le contraire ; bien mieux, les orateurs du Gouvernement et du Tribunat emploient, lorsqu'il est question de l'établissement des enfants le mot *aliéner*, qui comprend, sans aucun doute, la vente.

On peut ajouter que la vente, aussi bien que l'hypothèque n'appauvrissent pas plus la femme qu'une donation, puisqu'ils n'aboutissent comme elle qu'à faire sortir le bien du patrimoine, et que la femme peut même, en cas d'hypothèque, avoir l'espoir de conserver son immeuble en acquittant sa dette.

Enfin, on tirera peut-être un argument de l'idée, souvent invoquée par nous-même, que les restrictions de l'inaliénabilité constituent, un retour au droit commun et doivent s'interpréter largement (1).

Ce dernier argument serait à lui seul décisif si les motifs des articles 1555 et 1556 ne manifestaient pas chez le législateur une intention restrictive qui nous paraît évidente.

Quel est le but de l'inaliénabilité ? C'est la conservation de la dot, et, — ce qu'il importe de retenir, — sa conservation en nature. On en convient dans l'opinion que nous venons d'exposer mais on ajoute que cette conservation est aussi compromise par la donation que par la vente, et l'est plus que par l'hypothèque.

C'est précisément ce que nous contestons : la vente fait sortir irrévocablement du patrimoine de la femme l'immeuble aliéné, qu'elle n'a plus aucun espoir d'y faire rentrer. Sans doute elle peut l'acquérir à nouveau si une occasion favorable se présente, mais l'immeuble ne reviendra pas dotal, puisque la dot ne peut être augmentée pendant le mariage ; nous avons donc raison de dire que le but essentiel du régime est définitivement détruit.

La donation, elle aussi, a un caractère irrévocable, plus irrévocable même que la vente. Il n'en est pas moins vrai que le patrimoine dotal peut ressaisir l'immeuble aliéné. L'inaliénabilité a été, nous l'avons dit, décidée plus encore dans l'intérêt de la famille, et particulièrement des enfants que de la femme. On a voulu que les héritiers de celle-ci fussent à l'abri de la

(1) Aubry et Rau, t. 5, § 537, p. 585, notes 107 et 108. — Laurent, t. 23, n° 523. — Jouiton, n° 250. — Tessier, *De la dot*, t. 1, p, 66, — Cass. req., 1er avril 1845. S. 45. 1. 256. — Nîmes, 7 juillet 1860. S. 60. 2. 341.

misère ; or, si l'on suppose que la femme meure après avoir vendu ses immeubles pour l'établissement de l'un de ses enfants, les autres enfants ne trouveront peut-être pas dans la succession de quoi parfaire leur réserve ; la poursuite qu'ils ont le droit d'exercer contre l'enfant gratifié au-delà de la quotité disponible pourra se heurter contre l'insolvabilité de ce dernier. Si, au contraire, l'immeuble avait été simplement donné, ils auraient pu dans ce même cas d'insolvabilité, (art. 930) recourir contre les tiers acquéreurs du bien, et leur réserve aurait été ainsi sauvegardée.

Si l'hypothèque ne présente pas directement le même danger, elle peut au moins y conduire, puisqu'elle permet au créancier non payé à l'échéance de faire vendre le bien qui lui est affecté. Il serait d'ailleurs surprenant que l'hypothèque fût valable alors que l'aliénation est nulle : la première a toujours été considérée comme plus dangereuse que la seconde et l'ancien Droit romain l'interdisait, on le sait, avec plus de rigueur.

Il est d'ailleurs inadmissible que le mot *donner* n'ait pas eu dans l'esprit des rédacteurs du code son sens habituel, alors que tous les articles environnants parlent *d'aliénation* ou *d'aliénation et d'hypothèque* : les articles 1555 et 1556 seuls restreignent les droits de la femme à la donation. Si les travaux préparatoires se servent souvent du mot *aliéner*, il faut remarquer qu'ils n'ont pas voulu trancher la question qui nous occupe ; les orateurs ont voulu simplement rapporter un cas où l'aliénation était permise, mais non pas indiquer à quel genre d'aliénation la femme pourrait recourir ; la vérité est que cette question ne parait pas avoir eu besoin d'une discussion et que, sans doute le texte de nos articles a paru suffisant (1).

A plus forte raison refusons-nous de souscrire à la décision

____

(1) Colmet de Santerre, t. 6, n° 228 bis. — Caen, 24 novembre 1873. S. 74. 2. 134. — Pau, 2 mars 1874. S. 75. 2. 147.

d'un autenr (1) et de certains arrêts (2) qui vont jusqu'à permettre à la femme d'hypothéquer ses biens dotaux, dans le contrat de mariage de son fils, pour assurer la restitution de la dot apportée à ce dernier par sa femme. Il est vrai, comme on l'a dit, que cette clause peut assurer l'établissement du fils ; mais c'est là évidemment un motif insuffisant : irait-on jusqu'à prétendre que la femme peut donner (3) un de ses immeubles dotaux à sa bru, si cela doit assurer le mariage ? Or la clause dont nous parlons n'est pas autre chose qu'un engagement contracté gratuitement dans l'intérêt d'un tiers ; il n'y pas de libéralité envers le fils puisque celui-ci ne reçoit rien de sa mère, et, quant aux autres enfants de la femme dotale, ils souffriraient un préjudice par l'insolvabilité éventuelle de leur frère. Nous croyons donc que, même en étendant les articles 1555 et 1556 à l'aliénation et à l'hypothèque, on n'est pas conduit à valider une clause qui se réduit à une libéralité faite au profit d'un tiers.

II. — Intérêt des époux et de la famiille.

L'équité a fait fléchir la règle de l'inaliénabilité dans un certain nombre de cas où l'aliénation a pour but la satisfaction des besoins des époux ou de la famille. Passons-les rapidement en revue, et demandons-nous ensuite à quelles conditions l'aliénation est alors permise.

L'article 1558 autorise l'aliénation dans les cas suivants : 1° *Pour tirer de prison le mari ou la femme.* Il s'agit ici uniquement du cas où l'un des époux est en prison pour dettes, c'est-à-dire est soumis à la contrainte par corps ; il en est autrement d'un emprisonnement pour crime, lequel d'ailleurs n'est pas

(1) Guillouard. t. 4, n° 2001.

(2) Bordeaux, 1er mai 1850. S. 51. 2. 185. — Limoges, 3 mars 1854. S. 54. 2. 352.

(3) Aubry et Rau, t. 5, § 537, p. 586, note 109. — Limoges, 6 janvier 1844. S. 44. 2. 588.

susceptible de cesser par l'acquittement d'une somme d'argent ni même par la mise en liberté sans caution (1).

L'article 1558, al. 2, n'a qu'une application très restreinte depuis la loi du 24 juillet 1867. Mais, il suffit, selon nous, que l'un des époux soit menacé de prison pour que cette disposition puisse être appliquée ; il est vrai que l'article 1558 emploie l'expression *tirer de prison* ; mais c'est à tort que les auteurs (2) et la jurisprudence (3) donnent à ce texte une interprétation restrictive. Nous ne croyons pas que l'inaliénabilité subisse un échec plus sérieux dans notre cas que dans le cas généralement prévu ; les termes de l'article 1558 sont assez vagues pour permettre une extension si rationnelle. Quel intérêt peut-on avoir, lorsque l'époux se trouve sous le coup de poursuites qui doivent entraîner son incarcération, à attendre qu'il soit emprisonné et à ne pas permettre à la femme de prendre les devants (4) ?

2° « *Pour fournir des aliments à la famille dans les cas pré-* » *vus par les articles 203, 205 et 206 au titre du mariage* ». C'est-à-dire pour nourrir, entretenir et élever les enfants issus du mariage, pour entretenir les ascendants de la femme et les père et mère du mari. En dehors de ces circonstances, la dot ne peut être aliénée ; elle ne peut notamment servir à l'entretien des enfants nés d'un mariage antérieur ou d'un enfant naturel reconnu. Ce sont là des solutions que nous n'avons pas à justifier, quelque contestées qu'elles soient.

La dépense faite par la femme est définitive et ne peut lui être remboursée par le mari en cas de retour de celui-ci à meilleure fortune. L'article 541 de la coutume de Normandie adoptait l'opinion contraire qui est encore suivie aujourd'hui, et

______

(1) Caen, 28 mars 1881. S. 82. 2. 81.

(2) Aubry et Rau, t. 5, § 537, p. 114, note 588. — Guillouard, t. 4, n° 2019 — Marcadé, sur l'article 1558, n° 1.

(3) Cass. civ., 15 et 25 avril 1837. S. 42. 1. 541 et 544.

(4) On peut rapprocher de l'article 1558, l'article 1427.

qui, selon nous, n'est pas exacte. Rien n'autorise à croire que l'article 1558 n'ait eu en vue qu'une avance de la part de la femme ; nous comprendrions le système contraire s'il avait pour effet de remettre dans le patrimoine de la femme d'autres biens inaliénables venant remplacer les premiers ; mais c'est là ce que personne ne soutiendra, puisque la dot ne peut être transformée pendant le mariage ; la conservation de la dot n'est donc pas en jeu, et il n'y a aucun motif d'exiger un remboursement de la part du mari. Notre solution s'impose surtout dans le cas où la dot a été aliénée pour fournir des aliments aux père et mère de la femme.

3º « *Pour payer les dettes de la femme ou de ceux qui ont* » *constitué la dot, lorsque ces dettes ont une date certaine anté-* » *rieure au contrat de mariage* ».

Cette disposition soulève deux graves questions relatives aux conditions dans lesquelles l'aliénation est permise.

Il faut d'abord que la dette émane, soit de la femme soit de la personne qui a constitué en dot l'immeuble dont les époux demandent l'aliénation.

Que la dette de la femme autorise l'aliénation du bien dotal, nous ne pouvons nous en étonner, puisque les engagements de la femme antérieurs au contrat de mariage peuvent, d'après l'opinion qui paraît prévaloir et qui nous paraît la plus exacte, être poursuivis sur la dot, — que la constitution ait été faite à titre universel ou à titre particulier, — peut-être même sans que les créanciers soient tenus de respecter l'usufruit du mari : nous croyons même que, dans l'opinion qui soustrait au gage des créanciers soit l'usufruit du mari, soit même, en cas de constitution à titre particulier, la nue-propriété de la femme, cette solution doit être admise : ce sont, après tout, des dettes dont la femme est personnellement tenue sur ses biens paraphernaux et sur ceux qui lui écherront après la dissolution du mariage. En outre l'article 1558 est trop général pour permettre une distinction.

Le premier de ces motifs ne s'applique qu'à un certain nombre de dettes contractées par ceux qui ont constitué la dot. La constitution de dot est, on le sait, une donation, et, par suite, elle est toujours, — d'après l'opinion générale, — une aliénation à titre particulier. On ne peut faire exception que pour la donation universelle ou à titre universel de biens à venir, qui oblige la personne gratifiée à acquitter les dettes ou une portion des dettes grévant la succession qu'elle recueille.

Sauf ce cas, la femme n'est donc pas, en principe, tenue des dettes du constituant, puisqu'elle n'est qu'un ayant-cause à titre particulier et ne peut être soumise aux obligations des successeurs universels. Il en est autrement toutefois au cas où une hypothèque grevait les biens constitués ; car l'hypothèque confère le droit de suite qui est refusé aux créanciers chirographaires. Il en est autrement aussi lorsque le donateur a imposé à la femme l'obligation d'acquitter certaine de ses dettes ; encore peut-on dire qu'il s'agit alors de dettes de la femme elle-même.

Quoiqu'il en soit, on voit qu'en général la femme n'est pas tenue des dettes du constituant, et que, par suite, les biens dotaux en sont indemnes. Peut-elle alors, conformément à l'article 1558, se faire autoriser à aliéner ces biens dotaux ?

Nous admettons sans hésitation l'affirmative (1) quoique l'opinion contraire soit plus généralement adoptée (2). L'article 1558 ne fait pas plus de distinction entre les dettes du donateur qu'entre celles de la femme. Ce n'est pas, comme on le prétend, sans motifs que la femme peut aliéner des biens dotaux pour le payement des dettes du constituant : on comprend qu'elle tienne à lui manifester sa reconnaissance et qu'elle voie une sorte d'ingratitude dans le fait de ne pas satisfaire les créanciers. L'opinion contraire doit logiquement aller jusqu'à interdire à la femme d'aliéner ses immeubles pour fournir des aliments

(1) Marcadé, sur l'article 1558, n° 3. — Colmet de Santerre, t. 6, n° 230 bis
(2) Rodière et Pont, t. 3, n° 1801. — Aubry et Rau, t. 5, § 537, p. 589 note 119. — Laurent, t. 23, n° 527. — Guillouard, t. 4, n° 2531.

au constituant ; et cette solution est inadmissible, puisqu'elle mettrait la femme sous le coup de poursuites en révocation de la donation (art. 955).

En vain cherche-t-on à rapprocher de notre disposition toutes celles que contient l'article 1558 et à montrer qu'elles ont toujours pour but d'éviter à la femme la saisie sur des biens dotaux. Il y a là certainement une erreur : si les biens dotaux peuvent être saisis pour une dette d'aliments, — laquelle constitue une obligation légale, — il en est autrement des cas prévus par l'article 1558, al. 2 et 5 ; et nous avons vu aussi que la controverse est également possible au sujet des dettes de la femme antérieures au mariage. On voit donc que ce n'est pas toujours pour prévenir une action imminente que l'aliénation de la dot est permise, mais souvent par un simple intérêt d'équité.

Notre opinion n'est pas non plus, comme on l'a prétendu, contraire, à la « protection égoïste » qui est l'essence du régime dotal ; nous avons dit plusieurs fois que le but de l'inaliénabilité n'est plus ce qu'il était autrefois, et qu'on a simplement voulu protéger la famille contre les faiblesses de la femme. Or, y a-t-il une faiblesse à payer les dettes d'un donateur ? et la nécessité de l'autorisaton de justice et de la date certaine n'est-elle pas une garantie contre les fraudes et les abus ?

La seconde condition nécessaire ¦pour que, dans notre cas, l'aliénation soit possible, est que la dette ait date certaine.

Cette décision législative n'est pas absolument conforme au droit commun.

Sans doute, l'article 1328 dispose que les actes ne peuvent être opposés aux tiers que du jour où ils ont date certaine. Mais la femme est-elle bien un tiers ? certainement non pour ses propres dettes ; et quant à celles du constituant, elle n'est considérée comme *tiers* vis-à-vis d'elles que si elle en est tenue sans lui succéder à titre universel.

Il en est, il est vrai, différemment du mari qui n'est en ce qui concerne l'usufruit des biens dotaux, que l'ayant cause à titre particulier de la femme ou du donateur, et qui, par suite, est suffisamment protégé par le droit commun, puisque, d'après l'opinion générale, la classe de successeurs à laquelle il appartient est compromise dans l'expression de *tiers*.

Les dettes sans date certaine auraient donc pu, d'après les principes, être poursuivies, au moins en général, sur la nue-propriété des biens dotaux ; on aurait ainsi suivi la règle de l'article 1410 qui, sous le régime de communauté décide que la dette de la femme ne peut, si elle n'a pas acquis date certaine avant le mariage, être poursuivie que sur la nue-propriété des biens propres de la femme.

Le motif pour lequel l'article 1558 soustrait aux poursuites des créanciers la nue-propriété des biens dotaux elle-même est facile à comprendre, si la fraude est possible sous le régime de communauté, elle est beacoup plus dangereuse sous le régime dotal : rien ne serait plus simple pour les époux que de contracter une dette pendant le mariage et de la payer, en antidatant le titre, à l'aide des biens dotaux ; ils pourraient même créer une dette fictive, et dissiper le prix de l'immeuble illégalement aliéné. L'inaliénabilité serait ainsi détruite en pratique.

C'est également par crainte de la fraude que la loi veut une date certaine non pas seulement au moment du mariage mais dès le jour de la rédaction du contrat de mariage : il aurait été facile, sans cette disposition, à la femme de contracter des obligations dans l'intervalle qui sépare ces deux contrats, de soustraire ainsi ses biens dotaux à l'inaliénabilité et de causer un grave préjudice tant à son mari qu'à sa famille. Il est bon de rappeler ici que l'article 1404 contient, pour le régime de la communauté légale une règle inspirée par la même pensée et destinée à empêcher les époux d'augmenter leur fortune immobilière au détriment de leur fortune mobilière.

On a en vain essayé de nier la partie de l'article 1558 et de dire que le mot *contrat de mariage* a été pris dans le sens où l'entendait l'ancien droit, et désigne *l'acte de mariage*. Cette inadvertance de la part du législateur serait trop singulière pour être admise. Elle n'est pas, il est vrai, sans exemple ; et l'on peut citer à ce propos l'article 2194 qui semble faire dater l'hypothèque de la femme, du jour du *contrat de mariage* ; mais, si les auteurs et la jurisprudence n'hésitent pas à rectifier ce texte, c'est qu'il est en contradiction formelle avec l'article 2135. L'article 1558 ne heurte, au contraire, aucune autre disposition, et se justifie par des motifs assez sérieux pour qu'on doive admettre qu'il exprime réellement la volonté de la loi (1). La seule question qui puisse être discutée, est celle de savoir si les créanciers doivent, pour saisir les biens dotaux, justifier également d'une date certaine antérieure au contrat de mariage ; mais nous rejetons ici l'application de l'art. 1558.

Nous n'avons pas à déterminer les événements qui sont de nature à donner au titre date certaine ; nous nous contentons de renvoyer à l'article 1328 dont l'application, malgré quelques contestations nous paraît évidente ; il serait singulier que l'article 1558, inspiré par la crainte de la fraude, se montrât sur ce point moins rigoureux que le droit commun (2).

Il faut pourtant faire une exception en faveur des dettes commerciales : la date certaine peut résulter ici d'un moyen de preuve quelconque, et même de simples présomptions ; bien mieux le juge peut l'admettre par cela même qu'il n'est pas prouvé que la dette est postérieure au contrat de mariage. L'article 1558 n'est, nous l'avons dit, qu'une extension de l'arti -

(1) Rodière et Pont, t. 3, nº 1800. — Marcadé, sur l'article 1558, nº 2. — Aubry et Rau, t. 5, § 537, p. 589, note 120. — Laurent, t. 23, nᵒˢ 527 et 548. — Colmet de Santerre, t. 6, nº 230 bis. — Guillouard, t. 4, nº 2032. — Montpellier, 7 janvier 1830. S. 30. 2. 69. — *contrà*. Rouen, 10 janvier 1867. S. 67. 2. 109. — Note de M. Lyon-Caen, S. 79. 2. 65.

(2) Guillouard, t. 4, nº 2034. — Riom, 10 janvier 1887, *Pandectes françaises*, 87. 2. 188. — *Contrà*. Montpellier, 26 février 1865. S. 65. 1. 95.

cle 1328. Or, on admet généralement que les tiers ne peuvent opposer le défaut de date certaine d'une dette commerciale, et que le juge est souverain pour apprécier l'époque exacte où elle a été contractée (1).

4° « *Pour faire de grosses réparations indispensables à la con-* » *servation de l'immeuble dotal* ». Cette exception se justifierait beaucoup mieux, si l'immeuble dotal n'était déclaré aliénable que pour le cas où les biens paraphernaux ne suffiraient pas à l'acquittement de cette dette. C'est, en effet, pour sauver une portion de l'immeuble que l'article 1558 permet d'en sacrifier le surplus : personne n'aurait voulu se charger de travaux dont on aurait été à peu près certain de ne pouvoir obtenir le paye-ment. Or ce motif ne s'applique plus lorsque, en dehors de ses biens dotaux, la femme a une fortune suffisante pour payer cette dette.

Cet inconvénient n'est cependant pas sans remède ; le tribu-nal peut refuser son autorisation lorsque la vente de l'immeuble dotal n'est pas indispensable. Et cette observation s'applique également aux autres cas où l'aliénation est permise : le juge, pour se conformer à la volonté du législateur, devra examiner si l'aliénation de l'immeuble dotal est le seul moyen d'arriver au but recherché par la loi ; mais il est bien entendu que, s'il ne le fait pas, sa décision ne pourra pas être cassée.

Tels sont les cas où la dot est aliénable ; et, comme l'arti-cle 1558 est conçu en termes restrictifs, toute extension est in-terdite.

Cette proposition n'est pas contestée ; et cependant on admet souvent l'aliénation dans des hypothèses qui, malgré l'analogie qu'elles présentent avec celles de l'article 1558, ne nous parais-sent pas justifier une distinction.

C'est ainsi que, par argument du paragraphe 3, on autorise l'aliénation des immeubles échus par succession à la femme

_____

(1) Aubry et Rau, t. 5, § 537, p. 590, note 123. — Rodière et Pont, t. 3, n° 1800. — Guillouard, t. 4, n° 2034. — Aix, 27 avril 1865. S. 66. 2. 53.

pour le payement des dettes qui grèvent cette succession (1). Il ne s'agit pas là pourtant d'une dette antérieure au mariage, aussi l'opinion contraire nous paraît-elle préférable : la femme est tenue sur tous ses biens des dettes de la succession qu'elle recueille, mais à condition que ces biens ne soient pas inaliénables. Le résultat qu'on propose peut cependant être atteint pour un autre motif : il s'agit là d'un quasi-contrat, et nous verrons que les dettes qui en résultent, sont exécutoires sur les biens dotaux ; or, pourquoi la femme serait-elle obligée d'attendre une expropriation et ne pourrait-elle pas pour en éviter les frais, devancer la poursuite ?

Nous en dirons autant de tous les cas où cette expropriation est autorisée et notamment du délit commis par la femme. Toutefois les parties ne peuvent fixer le montant de l'indemnité par une convention amiable, puisque la transaction sur les biens dotaux est interdite. Le juge, avant d'accorder son autorisation fixera cette somme.

Il nous reste à déterminer les conditions dont la réunion est nécessaire pour que l'aliénation puisse avoir lieu.

L'autorisation doit être accordée par le tribunal ; elle est donnée préalablement, sur requête adressée aux juges par les époux (art. 997, al. 2) ; une autorisation postérieure à l'aliénation n'aurait donc aucun effet ; le législateur a sans doute pensé que les tribunaux seraient trop enclins à accorder une autorisation dont le refus jetterait une perturbation dans l'opération déjà accomplie.

En outre, le jugement indiquera, — sans cependant que l'omission de cette formalité vicie l'autorisation, — entre quelles mains l'adjudicataire devra se libérer. On conçoit en effet, que si, par application des principes, ce dernier paye son prix aux époux eux-mêmes le but de la dérogation que le tribunal fait subir à l'inaliénabilité, pourra n'être pas atteint : car les

______

(1) Aubry et Rau, t. 5, § 537, p. 591, note 124. — Guillouard, t. 4, n° 2088.

époux, au lieu d'employer la somme reçue à fournir des aliments à leur famille ou à payer les réparations de l'immeuble, pourront la dissiper ou lui donner une autre destination (1). Mais nous n'irons pas jusqu'à admettre avec la doctrine et la jurisprudence (2) qu'en l'absence de toute indication de ce genre, l'adjudicataire doive néanmoins s'acquitter entre les mains des créanciers pour le payement desquels l'aliénation a été permise : c'est envers les époux qu'il est débiteur, c'est au mari, comme administrateur, — ou à la femme après la séparation de biens, — qu'il doit payer son prix ; peu lui importe que la simple lecture du jugement lui indique la destination de ce prix ; lorsque le créancier n'est pas substitué au mari, nous ne voyons pas en vertu de quelle règle de droit l'acheteur serait tenu, sous sa responsabilité, de payer son prix aux créanciers.

Il y a d'ailleurs des hypothèses où l'on est obligé de convenir que cette solution est inadmissible : si l'aliénation a eu lieu pour fournir des aliments à la famille, on ne peut guère obliger le créancier à entrer en relations avec un tiers et à recevoir de lui les aliments. (3)

Une dernière condition de l'autorisation est qu'elle n'ait pas lieu hors des cas prévus par la loi. Qu'arrivera-t-il donc, soit si le tribunal permet au lieu de l'aliénation prévue par l'article 1555 un autre acte ayant le même but, soit s'il autorise l'aliénation pour un motif que la loi ne prévoit pas ?

Dans le premier cas l'autorisation est certainement nulle, et, avec elle, l'acte qui en a été la conséquence : les époux pourront méconnaître le droit qu'ils auront eux-mêmes consenti, sauf la garantie que doit le mari (art. 1625) et celle à laquelle a pu s'obliger la femme.

Nous avons vu d'ailleurs les motifs pour annuler la vente

---

(1) Aubry et Rau, t. 5, § 537, p. 593, note 130. — Guillouard, t. 4, n° 2012.
(2) Aix, 10 février 1832. S. 32. 2. 640. — Nîmes, 11 janvier 1878. S. 79. 2. 182.
(3) Aubry et Rau, *Loc. cit.* — Guillouard, t. 4, n° 2013.

faite pour en consacrer le prix à l'établissement des enfants (que la femme ait été, pour cet acte, autorisée par le mari ou par la justice.)

Qu'arrivera-t-il maintenant si le tribunal accorde l'autorisation dans des cas non prévus par la loi, c'est-à-dire en commettant une erreur de droit ? La jurisprudence et la doctrine (1) décident avec raison que la femme peut revendiquer son immeuble sans qu'on puisse lui opposer l'autorité de la chose jugée : cette exception n'existe en effet que pour les jugements contentieux, ceux qui tranchent une contestation, et non pas pour ceux qui émanent de la juridiction gracieuse. Mais il en serait autrement, d'après l'opinion générale (2) du cas où le le tribunal accorderait l'autorisation dans les hypothèses prévues par la loi, mais en commettant une erreur de fait, par exemple en croyant à tort que les immeubles dotaux ont besoin de réparations ; l'autorisation est accordée régulièrement, et les tiers n'ont pas à tenir compte de la vérité ou de la fausseté des faits allégués.

Telles sont les conditions que doit remplir l'autorisation ; quant à l'aliénation elle-même, elle a lieu, en partie dans la même forme que les ventes de biens de mineure (C. proc. art. 997).

### § II. — De l'aliénation permise par le contrat de mariage.
### (Art. 1557).

La faculté réservée à la femme, par le contrat de mariage d'aliéner son immeuble dotal, se rencontre assez rarement. Elle soulève des difficultés d'interprétation assez grandes dans

_ (1) Aubry et Rau, t. 5, § 537, p. 594, notes 134 et 135. — Laurent, t. 25, n° 534. — Guillouard, t. 4, n° 2015. — Colmet de Santerre, t. 6, n° 280 bis. Cass., req., 20 juin 1877. S. 80. 1. 19. — Caen, 20 mars 1881. S. 81. 2. 81. Cass., req., 27 novembre 1883. S. 84. 1161.

(2) V. les autorités citées à la note précédente.

le détail desquelles nous n'entrerons pas : Il nous suffira de dire que la disparition de l'inaliénabilité enlève au régime dotal son caractère fondamental et en fait une véritable combinaison du régime exclusif de communauté, — pour les biens dotaux, avec le régime de séparation de biens — pour les paraphernaux. Toutefois, les règles qui ne concernent pas l'inaliénabilité sont maintenues : C'est ainsi que le mari peut exercer les actions pétitoires.

La différence entre le régime dotal et le régime sans communauté serait beaucoup plus grande encore d'après certains auteurs (1), l'aliénabilité ne permettrait pas à la femme de céder soit la créance en reprises qu'elle aura contre son mari lors de la dissolution de la communauté, soit l'hypothèque légale qui garantit le paiement de cette créance. En un mot, la clause d'aliénabilité des immeubles dotaux produirait des effets analogues à ceux que la jurisprudence attache, sous le régime dotal ordinaire, à l'inaliénabilité de la dot mobilière.

Quoique ce système soit celui de la Cour de cassation (1) nous ne pouvons y souscrire : stipuler que les biens dotaux sont aliénables, c'est écarter l'inaliénabilité avec toutes ses conséquences. En vain, dit-on que toutes les clauses qui dérogent à l'inaliénabilité doivent recevoir une interprétation restrictive ; ce principe est, nous l'avons dit, contestable. Fût-il exact, qu'on ne pourrait encore faire produire à une clause des effets contraires à l'intention certaine des parties, intention qui découle clairement des termes employés.

On objecte aussi que l'interprétation que nous donnons aboutit à la négation du régime dotal. Ceci encore n'est pas complètement vrai, puisque, — nous venons de le dire, — toutes les règles qui ne sont pas incompatibles avec l'inaliénabilité subsistent. Dans tous les cas, les parties ont le droit de ne con-

---

(1) Aubry et Rau, t. 5, § 537, p. 576 note 65. — Guillouard, t. 4, n° 1949.

(2) Cass. civ. 17 décembre 1866. S. 67. 1. 114. — Cass. req. 7 avril 1868. S. 68. 1. 270.

server que le nom du régime dotal et de lui enlever la plupart de ses caractères ; et il nous paraît que par la clause que prévoit l'article 1557, elles ont usé de cette faculté (1).

Il arrive beaucoup plus souvent que les époux stipulent l'a-liénabilité à charge de remploi ou d'emploi. Cette clause pallie les plus graves inconvénients du régime dotal, en permettant l'aliénation de biens improductifs ou sujets à dépérissement ; elle en conserve, d'un autre côté, les avantages, puisque le bien aliéné doit être immédiatement remplacé par un autre bien qui sera dotal comme le premier. Aussi cette clause est-elle d'un intérêt pratique considérable ; toutefois, comme nous ne nous sommes proposé comme but que l'étude du régime dotal légal, nous ne nous en serions pas occupé, si elle ne donnait pas lieu, au point de vue des droits de la femme, à certaines questions qui se présentent également en l'absence de cette clause.

Il existe en effet des cas où, sans clause contenue dans le contrat de mariage, le prix de l'immeuble dotal doit être em-ployé à l'acquisition d'un autre immeuble également dotal, après aliénation dans les cas autorisés par la loi ; et, à première vue, il semble que ce remploi doit avoir les mêmes effets que celui qui est ordonné par la convention.

Tout d'abord l'article 1558 décide que, si l'immeuble est aliéné avec l'autorisation de justice, l'excédant du prix de la vente au-dessus des besoins reconnus reste dotal et qu'il doit en être fait emploi au profit de la femme.

L'article 1559 admet la même solution pour le cas où les époux, échangeant un immeuble dotal contre un autre immeu-ble d'une valeur inférieure, obtiennent une soulte en échange.

L'analogie entre le remploi conventionnel et le remploi exigé par la loi n'est cependant pas absolue ainsi que nous allons le démontrer en nous occupant successivement des conditions du

_______

(1) Pont, *Tr. des privilèges et hypothèques*, t. 1, n° 453. — Bertauld, *De la subrogation et l'hypothèque légale*, n° 39. — Gérardin, *Revue pratique*, t. 30, p. 97.

remploi, de ses effets et des conséquences du défaut de remploi.

### I. — *Conditions du remploi*

Le remploi que nous appellerons légal doit être fait en immeubles; les articles 1558 et 1559 donnent de la manière la plus explicite cette solution. Il en est de même du remploi conventionnel; ils peuvent en outre, être faits en rentes 3 0/0 de la dette française. L'article 46 de la loi du 2 juillet 1862 décide en effet que « les sommes dont le placement ou le remploi en im- » meubles est prescrit ou autorisé par la loi, par un jugement, » par un contrat peuvent être employées en rentes 3 0/0 de la » dette française ; à moins de clauses contraires » (1).

Cette disposition par ses termes généraux s'applique au remploi légal aussi bien qu'au remploi conventionnel.

Ici d'ailleurs à tous les points de vue, les deux remplois ne nous paraissent pas différer entre eux. La femme dans les deux cas, doit accepter la nouvelle acquisition qui, dans le cas contraire, est non avenue à son égard : on sait, en effet, que le mari, n'a sur la dot que des pouvoirs d'administration et il s'agit ici d'un acte qui, sans aucun doute dépasse l'administration. Mais il n'est pas nécessaire, que l'acceptation de la femme soit *formelle* si l'article 1435 entend par là *explicite* ; nous ne savons pas quelles raisons on pourrait invoquer pour étendre au régime dotal des règles spéciales à la communauté. En vain dit-on que l'article 1435 n'est lui-même qu'une application de l'idée qu'on ne peut devenir propriétaire sans son consentement. L'observation est juste en elle-même, mais en résulte-t-il que ce consentement doive être formel, et ne peut-il pas, en principe résulter d'une volonté implicite ? C'est là selon nous, qu'est le principe, et la loi seule y peut déroger (2).

(1) Cette disposition a été étendue à toutes les rentes françaises par la loi du 16 septembre 1871.

(2) Laurent, t. 23, n° 519. — Rouen, 26 avril 1872. S. 74. 2. 118. — *Contrà.* Guillouard, t. 4, n° 1965. Cass., 12 juin 1865, S. 65. 1. 298.

C'est au contraire par application du droit commun que les articles 1434 et 1435 exigent, de la part du mari, une double déclaration, ayant pour but d'indiquer que l'acquisition est faite des deniers provenant de l'aliénation d'un propre de la femme et pour lui servir de remploi; c'est en effet pour que la volonté de faire le remploi soit assez clairement manifestée que ces déclarations sont exigées par la loi. Aussi, sous le régime dotal, le mari devra déclarer que le prix de l'acquisition provient de la vente d'un immeuble dotal et que l'immeuble nouveau devient dotal comme l'ancien. L'absence de l'une de ces conditions conférerait la propriété au mari et permettrait à la femme d'exiger un autre remploi.

Le remploi légal se rapproche encore du remploi conventionnel, au point de vue de l'époque à laquelle il peut être fait.

On sait que, d'après l'opinion générale, et, malgré le sens apparent de l'article 1435, le remploi peut avoir lieu par anticipation, c'est-à-dire avant la vente de l'immeuble qui doit être remplacé (1).

Cette dernière solution est certainement applicable aux remplois sous le régime dotal : si le remploi par anticipation offre des avantages souvent considérables, en raison des occasions favorables dont il permet de profiter, ces avantages existent sans distinction de régimes. Remarquons cependant que le remploi légal aura rarement lieu par anticipation. Il est difficile de faire une acquisition sans savoir si l'on est en situation d'en acquitter le montant; or ce sont uniquement l'excédant d'un prix de vente ou le montant d'une soulte d'échange qui peuvent être destinés à l'acquisition d'un immeuble dotal, et on ne peut connaître la somme qui sera fournie par ces opérations avant de savoir contre quel immeuble le fonds dotal sera

_______________

(1) Benech, *De l'emploi et du remploi*. Glandaz, *Encyclopédie*, v⁰ communauté conjugale, n° 264. Cass. req., 5 déc. 1854. S. 55. 1. 353.

échangé ou quel bien les époux recevront l'autorisation d'aliéner.

D'un autre côté le remploi soit légal, soit conventionnel pourra être effectué, tant que le mariage ne sera pas dissous. Il en résulte que la femme peut y procéder elle-même après la séparation de biens : l'immeuble qu'elle acquerra en remplissant les conditions que nous avons indiquées deviendra dotal. Cette solution est généralement admise et elle est certaine, car la dotalité subsistant après la séparation de biens, le remploi atteindra son but, qui est de substituer à un immeuble inaliénable un autre immeuble qui devienne également inaliénable (1). On ne discute que sur un point, celui de savoir si l'acquéreur peut, en offrant de payer son prix, arrêter l'action en nullité de la femme contre l'aliénation et l'obliger à faire le remploi. Nous croyons l'affirmative très logique, mais cette question (2) ne se pose que dans l'hypothèse où l'acheteur n'est pas obligé de payer son prix immédiatement et peut exiger avant de l'acquitter que le remploi — condition de la validité de l'aliénation, — soit effectué. Or nous verrons que dans le remploi légal, à la différence du remploi conventionnel, l'acquéreur ne peut pas se soustraire au payement du prix jusqu'à l'acquisition du nouvel immeuble.

On a voulu aller plus loin et soutenir que, même après la dissolution du mariage, le remploi pouvait être effectué : l'intérêt de cette décision est considérable : l'acquéreur du bien dotal, pourrait, comme après la séparation de biens, — au moins dans le cas où le remploi forme une condition de l'aliénation, — s'opposer à l'action en nullité intentée par la femme

______

(1) Benech, *op. cit.*, n° 88. — Guillouard, t. 4, n° 1969. — Limoges, 21 août 1840. S. 41. 2. 56.

(2) Voy. sur cette question, qui est très discutée en jurisprudence : Cass., req., 20 juin 1853. S. 54. 1. 5. — Toulouse, 14 juillet 1852. S. 52. 2. 636. — Paris, 26 février 1868. S. 68. 2. 73. — Caen, 31 mai 1870. S. 71. 2. 31. Voy. aussi Rodière et Pont, t. 3, n° 1844. — Guillouard, t. 4, n° 1970. — Benech, *loc. cit.* adopte la négative.

ou par les héritiers de celle-ci, en offrant de payer son prix, — ou de le payer une seconde fois s'il l'a déjà acquitté. Si, au contraire, le remploi n'est plus possible, rien ne fera, dans ce même cas, obstacle à l'action en nullité.

En outre, — et cette solution s'applique également au remploi légal, — si le remploi peut être effectué après la dissolution du mariage, l'immeuble acquis alors sous les conditions indiquées plus haut sera dotal. Cette qualité formera obstacle à ce que les créanciers envers lesquels la femme se sera engagée pendant le mariage viennent poursuivre le payement de leur créance sur le bien ; nous verrons en effet que les créanciers n'ont pas d'action, même après la dissolution du mariage sur les biens dotaux.

Cette observation nous conduit à rejeter l'opinion d'après laquelle le remploi serait encore permis après la dissolution du mariage. Il est absolument inadmissible que des biens acquis lorsque le mariage a été dissous puissent être dotaux (1).

L'opinion contraire (2) se fonde sur le but du remploi sous le régime dotal : il ne s'agit plus, comme sous la communauté, d'un mandat donné au mari, mais de la conservation des biens dotaux dans leur intégralité. Or la dot est conservée lorsqu'un immeuble, acquis en remplacement d'un autre, prend les caractères de ce dernier et devient dotal comme lui ; peu importe que l'acquisition soit postérieure à la dissolution du mariage.

Ce raisonnement ne répond pas à notre objection : sans doute le remploi a pour but la conservation de la dot ; mais si les immeubles acquis tant que le régime matrimonial a gardé son empire, conservent encore, à un certain point de vue leur caractère après la dissolution du mariage, il est du moins impossible que de nouveaux immeubles deviennent dotaux. Si donc

(1) Beuech, *loc. cit.*, Guillouard, t. 4, n° 1972. — Cass. req. 2 mai 1859. S. 59. 1. 298. — Caen, 30 juillet 1874, S. 74. 2. 282.
(2) Rodière et Pont, t. 3, n° 1841. — Pont, *Revue critique* t. 5, p. 10. — Caen, 26 mai 1865. D. 66. 2. = Caen, 31 mai 1870, S. 71. 2. 31.

l'on admet la validité du remploi, on devra reconnaître en même temps que le bien acquis ne sera dotal sous aucun point de vue et pourra être saisi par les créanciers envers lesquels la femme se sera engagée pendant le mariage. Mais que devient alors le principe de la conservation de la dot? Au lieu d'un immeuble insaisissable en partie même après la dissolution du mariage, la femme n'aura plus qu'un bien soumis à la condition de ses biens paraphernaux. Il faut donc reconnaître que la femme n'a qu'un moyen de sauvegarder cette dot, savoir l'action en nullité qui fera rentrer dans son patrimoine l'immeuble indûment aliéné.

## II. — *Effets du remploi.*

Les effets du remploi prêtent aux mêmes discussions que sous le régime de communauté.

Aucune difficulté ne peut s'élever lorsque la femme donne immédiatement son acceptation. L'immeuble devient dotal ; la femme paye les frais de l'acquisition non pas seulement, comme on le prétend généralement, sur ses paraphernaux (1) ; mais aussi, selon nous, sur les biens dotaux : car il est de règle que l'acquéreur acquitte les frais de la rédaction de l'acte et ceux qui en dépendent ; il s'agit donc d'une obligation légale, et nous prouverons que ces sortes d'obligations sont exécutoires sur les biens dotaux (2).

De même, elle remboursera les frais payés par le mari, si

(1) Marcadé, sur l'article 1557, n° 3. — Aubry et Rau, t. 5, § 537, p. 583, note 90. — Guillouard, t. 4, n° 1975. — Cass. *Cit.* 5 novembre 1855.

(2) Deux autres solutions ont été proposées ; d'après l'une les frais de l'acquisition seraient supportés par l'acquéreur de l'immeuble dotal aliéné : Caen, 18 novembre 1837. S. 37. 2. 186. — D'après l'autre, ils seraient payés par le mari : Caen, 7 juillet 1845, *Recueil de Caen*, 1845, p. 615. Ces deux opinions sont aussi inadmissibles l'une que l'autre : le mari ne peut être tenu d'acquitter les frais d'une acquisition dont il ne recueille pas les profits. Quant à l'acquéreur du fonds dotal, il est complètement étranger à l'acquisition faite en remploi.

elle n'accepte que plus tard l'acquisition faite en son nom. Mais, dans ce même cas, le bien ne sera-t-il dotal et la femme ne deviendra-t-elle propriétaire qu'à partir du jour où elle aura accepté le remploi ? ou au contraire cette acceptation aura-t-elle un effet rétroactif jusqu'au jour de l'acquisition ?

Les mêmes controverses peuvent ici s'élever que sous la communauté. On sait que, pour ce régime, trois opinions se sont produites : d'après l'une, l'acceptation de la femme n'aurait aucun effet rétroactif et constituerait une nouvelle mutation opérée du mari à la femme ; l'acte serait par conséquent soumis à la transcription, et sujet à un droit de mutation ; en outre les aliénations et les hypothèques consenties par le mari seraient valables.

Une seconde opinion considère le mari comme gérant d'affaires de sa femme et décide, en appliquant les principes généralement admis sur les effets de ce quasi-contrat, que l'acceptation de la femme rétroagit d'une manière absolue : il n'y aura ni nouveau droit de mutation ni transcription et l'immeuble acquis sera censé être entré immédiatement dans le patrimoine de la femme.

Nous préférons une troisième doctrine qui peut se formuler de la manière suivante : le mari acquiert l'immeuble pour lui, mais offre implicitement à la femme de la subroger dans cette acquisition, et cette offre peut, conformément au droit commun, être révoquée. En conséquence, si le mari aliène le bien au profit d'un tiers ou le grève d'hypothèques ou de droits réels quelconques, il montre par là même qu'il retire son offre, et la femme ne peut plus s'approprier le bénéfice de l'acquisition. Il en est autrement toutefois des hypothèques légales et judiciaires qui viendraient grever le fond du chef du mari. Ce dernier n'ayant pas manifesté la volonté de révoquer l'offre, la femme peut encore accepter et faire tomber par là ces droits réels (1).

(1) M. Bufnoir à son cours.

Ce système s'applique aussi bien au remploi conventionnel qu'au remploi légal.


### III. — *Conséquences du défaut de remploi.*

Il y a défaut de remploi, non pas seulement quand le remploi n'a pas eu lieu, mais lorsqu'au lieu d'une acquisition, les époux ont passé un autre contrat dont l'effet pourra être, aussi bien que le remploi, de compenser pour la femme la perte de son immeuble.

Il n'y a pas remploi, par exemple, si le prix de l'immeuble dotal est employé à la constitution d'une hypothèque au profit de la femme, ou bien — quoique ce point ait donné lieu à quelques controverses, — à l'acquittement de dettes grevant les immeubles dotaux : la loi exige comme elle le spécifie elle-même, l'acquisition d'un immeuble, on ne peut remplacer cet acte par un autre, qui d'ailleurs n'offrirait pas les mêmes gatanties.

Qu'arrivera-t-il si le remploi n'a pas lieu ou est remplacé par l'un des actes dont nous venons de parler ? Il est clair ; tout d'abord, que ces actes ne sont pas nuls : le débiteur qui a emprunté une somme d'argent à la femme et à constitué hypothèque sur ses biens, le créancier qui a reçu le payement de la somme qui lui était due, n'ont pas à s'inquiéter de la provenance de l'argent qu'ils reçoivent.

Mais la femme a-t-elle des droits soit contre son mari, qui n'a pas exécuté le remploi, soit contre l'acquéreur du fonds dotal, qui aurait dû y veiller ? Distinguons entre ces deux recours.

On admet généralement que l'acquéreur du fonds dotal doit veiller sous sa responsabilité à ce que le remploi conventionnel soit opéré. L'article 1653, sainement interprété, lui permet de suspendre le paiement du prix jusqu'au moment où il acquerra la certitude que le remploi est effectué ; s'il n'use pas de cette faculté, il pourra être obligé de payer son prix une seconde fois.

Cette opinion nous paraît exacte : le principe de l'inaliénabilité a été posé dans le contrat de mariage et il n'y a été fait exception que pour le cas où l'immeuble dotal serait remplacé dans le patrimoine de la femme par un autre immeuble également dotal. Ce principe, est, sans aucun doute, opposable à l'acquéreur du fonds dotal ; cela étant, comment pourrait-il se faire que les tiers profitassent de l'exception en achetant les immeubles dotaux, et qu'on ne pût leur en opposer les termes quand ils ne se sont pas préocupés du point de savoir si le remploi a été effectué ? En un mot, l'aliénation n'est permise que sous condition ; si la condition ne s'est pas accomplie, cet acte est nul et la femme peut le faire tomber.

S'il en est autrement sous le régime de la communauté, c'est que là les immeubles sont aliénables sans aucune condition ; le remploi n'y est pas obligatoire et ne constitue qu'un mode autorisé de substituer un propre à un autre propre. Voudrait-on que l'acheteur veillât à l'exécution d'un remploi que ni les époux ni la loi n'ont exigé ?

Mais l'acheteur est-il également responsable de la défectuosité du remploi, et, par exemple est-il passible d'une action en nullité de la part de la femme si le prix du fonds dotal est employé à une acquisition présentant des chances d'éviction, ou si les époux se procurent un immeuble soumis à des vices considérables ? Les auteurs paraissent, en général, résoudre la question par l'affirmative, (1) et la jurisprudence a également admis la responsabilité de l'acheteur (2).

La question ne peut pas, selon nous être résolue en prin-

_______________

(1) Tessier, *De la dot*, t. 1, p. 404. — Aubry et Rau, t. 5, § 537, p. 582 notes 93-94. — Guillouard , t. 4, n° 1979. — Rodière et Pont , t. 3, n° 1845.

(2) Cass., civ. 12 mai 1840, S. 40. 1. 660. — Limoges, 14 janvier 1862. S. 62. 2. 344.

cipe, mais doit recevoir une solution variable suivant les termes du contrat de mariage. Si, comme cela arrive d'ordinaire, la validité de l'aliénation est simplement soumise à la condition du remploi, l'acheteur est déchargé aussitôt après que le remploi est effectué, car la condition est alors accomplie. Il en sera autrement, si les conventions matrimoniales exigent formellement un remploi valable ou l'acquisition d'un immeuble non sujet à éviction. Il est vrai que cette stipulation tendra à devenir de style.

Quoiqu'il en soit, la théorie qui précède ne s'applique pas au remploi légal, dont l'acquéreur ne paraît pas avoir à se préoccuper. Les termes mêmes des articles 1558 et 1559 indiquent, en effet, que ce n'est pas une condition même de l'aliénation. La vente et l'échange des immeubles dotaux sont permis purement et simplement dans les cas prévus par ces dispositions, qui se contentent d'ajouter « L'excédant..... restera dotal et il » en sera fait emploi comme tel. L'excédant du prix.... le sera » aussi (dotal) et il en sera fait emploi, etc. » : On voit qu'il n'est pas question ici d'une condition de la validité de l'aliénation, mais simplement d'une obligation de faire l'emploi des deniers provenant de l'aliénation de l'immeuble dotal (1).

Quelle est maintenant, à l'égard du mari, la sanction de cette obligation? Cette seconde question est commune au remploi légal et au remploi conventionnel. D'abord si le remploi n'est pas effectué par le mari dans le délai où il est permis, c'est-à-dire avant la dissolution du mariäge, il paraît être admis sans contestation que la femme pourra demander au tribunal l'autorisation de toucher elle-même la soulte ou le prix de la vente, et d'effectuer le remploi (2).

(1) Aubry et Rau, t. 5, § 537, p. 593, note 133. — Guillouard, t. 4, n° 2014. — *Contra*, Tessier, *De la dot*, t. 1, p. 287. — Marcadé, sur l'article 1558, n° 6.

(2) Aubry et Rau, t. 5, § 537, p. 578, note 75. — Guillouard, t. 4, n° 1976. — Cass. req. 20 décembre 1852. S. 53. 1. 151.

En second lieu la femme a un recours contre son mari lorsque la somme provenant de l'aliénation de l'immeuble a été
dissipée sans servir à l'acquisition d'un autre immeuble, ou que
le remploi a été désavantageux.

Il n'y a de doute ni en jurisprudence ni en doctrine : le recours
n'est jamais refusé à la femme ; il lui est surtout utile en cas de
remploi légal, où elle n'a pas d'action en nullité contre l'acquéreur. Il n'y a pas contradiction à souscrire à cette opinion,
même si on décide autrement, en cas de contravention à l'inaliénabilité : Dans cette dernière hypothèse, le mari n'était,
suivant nous, passible d'aucune action, parce qu'il n'assumait
aucune obligation. Il est au contraire responsable du remploi
et par suite il est passible de domma- ges-intérêts (1). Remarquons toutefois que cette solution doit être conciliée avec celle
qui n'est pas moins suivie et qui permet à la femme de se faire
autoriser à faire elle-même l'acqui- sition de son immeuble.
Si elle n'use pas de ce droit, elle commet une sérieuse impru-
dence, qui doit, sinon décharger le mari, du moins diminuer,
— conformément au principe admis en matière de dommages-
intérêts, — la responsabilité de celui-ci.

Quoiqu'il en soit, si la femme a contre son mari une action
en dommages-intérêts, cette action est garantie par une hypothèque légale. Le rang en est fixé par l'article 2135, n° 2, § 3.
« Elle n'a d'hypothèque....... pour le remploi de ses propres
» aliénés qu'à compter du jour....... de la vente. »

Cette question est pourtant très controversée.

L'argument d'analogie que quelques auteurs (2) et arrêts (3)

______

(1) Aubry et Rau, t. 5, § 537, p. 578, note 74. — Guillouard, t. 4, 1977. —
Cass. Req., 27 mai 1861. S. 62. 1. 199. — Toulouse, 7 février 1870. S. 71. 2.
113.

(2) Aubry et Rau, t. 3, § 264 ter, p. 213, note 74. — Thézard, *Tr. du nan-
tissement* etc., n° 224. — Baudry Lacantinerie, *Précis de droit civil*, t. 3,
n° 1314. — Deloynes, sur Tessier, *Société d'acquêts*, p. 33.

(3) Caen, 7 juillet 1851. S. 52. 2, 92. — Agen, 10 juin 1859. S. 59. 2. 341. —

tirent de l'article 2135, n° 2, § 3 nous paraît décisif. Sans doute, cette disposition ne parle que de propres, ce qui semble indiquer qu'elle s'est placée en face du régime de la communauté, puisque c'est sous ce régime que les biens de la femme prennent ce nom. Mais sur quel motif le législateur s'est-il fondé ? Les travaux préparatoires sont sur ce point très formels. On a voulu que l'hypothèque de la femme ne pût précéder l'époque où le mari avait commis une contravention au régime matrimonial adopté ; or cette règle s'applique avec la même force aux biens dotaux qu'aux biens soumis à l'administration du mari commun en biens.

D'un autre côté, s'il est exact que les biens dotaux ne sont désignés, ni dans la loi ni dans l'usage, sous le nom de biens propres, il n'en est pas moins vrai que, faisant partie du patrimoine personnel de la femme, ils méritent cette dénomination. Il est donc possible que l'article 2135, n° 2, § 3 les ait visés.

En fût-il autrement, qu'on ne pourrait encore admettre la doctrine contraire : nous ne sommes pas, en effet, partisan du système d'après lequel toutes les créances de la femme seraient protégées par une hypothèque légale datant, sauf les exceptions admises par la loi, du jour du mariage. Si l'article 2135, n° 2, § 1 est général en ce qui concerne l'existence même de la garantie, il l'est beaucoup moins pour le point de départ de cette garantie. Les motifs pour lesquels le Tribunat fit introduire dans cette disposition le paragraphe 3 ne sont pas spéciaux à la communauté, et s'étendent à tous les régimes où le mari a l'administration des biens de sa femme et est passible d'une action en dommages-intérêts pour la vente de ces biens. Dans tous les cas, le paragraphe 1, par *dot et conventions matrimoniales*, désigne non pas, comme on l'a prétendu, la vente du bien dotal, mais la réception de la dot, et la meilleure preuve que nous en

Caen, 21 novembre 1871. S. 73. 2. 134. — Caen, 29 novembre 1872. S. 73. 2. 134.

puissions donner, est qu'il a trait à tous les régimes, et non pas
exclusivement au régime dotal.

On fait valoir contre notre opinion un argument de principe qui, s'il était exact, ne tendrait à rien moins qu'à donner
le jour du mariage pour point de départ à l'hypothèque de la
femme lorsque la vente de ses propres est faite par le mari
seul sous un régime quelconque, par exemple sous la communauté. On dit en effet, que, le mari administrant la dot dès le
jour du mariage et étant chargé de la conserver, contrevient à
cette obligation en l'aliénant ; or la contravention à la gestion
doit conférer hypothèque à la femme à partir du jour où la
gestion commence. Il est clair, que sous les régimes de communauté et sans communauté le mari est également chargé d'administrer le patrimoine de la femme, et qu'il commet une faute
aussi grande que sous le régime dotal en l'aliénant sans le concours de celle-ci.

Faisons remarquer, en terminant que si la jurisprudence (1)
et la majorité des auteurs (2) acceptent la doctrine que nous
avons combattue pour le cas où les biens vendus par le mari
avaient été déclarés aliénables par le contrat de mariage, quelques-uns se séparent de la doctrine commune soit dans l'hypothèse où ils étaient inaliénables soit dans celle où on en avait
admis l'aliénation à charge de remploi (3).

(1) Cass. 21 avril 1869. S. 60. 1. 350. — Grenoble, 23 novembre 1870. S.
71. 2. 12. — Riom, 16 juin 1877. S. 78. 2. 225. — Nîmes, 28 janvier 1879. S.
79. 2. 264. — T. Riom, 13 août 1886. *Pandectes françaises*, 1887. 2. 221.

(2) Rodière et Pont, t. 2, n° 677. — Tessier, *De la dot*, t. 2, p. 134. — Pont,
*Tr. des privil. et hypoth.* n° 767.

(3) Pont, *op. cit.*, n° 770. — Rodière et Pont, t. 2, n° 678.

# CHAPITRE IV

DES DROITS ET DES OBLIGATIONS DE LA FEMME
EN CE QUI CONCERNE
LES ENGAGEMENTS QUI NAISSENT PENDANT LE MARIAGE.

Nous avons déjà fait remarquer que les questions qui trouvent ici leur place dépendent dans une large mesure du fondement qu'on assigne à l'inaliénabilité du fonds dotal. En décidant que cette inaliénabilité dérive, non pas d'une indisponibilité affectant les immeubles, mais d'une incapacité spéciale qui affecte la femme, nous avons presque résolu d'avance tous les points que nous devons ici passer en revue.

L'article 1370 indique quatre sources d'obligations: les contrats, les quasi-contrats, les délits et quasi-délits, enfin la loi.

Il va sans dire que la femme mariée peut en général, se trouver engagée par ces quatre moyens. L'autorisation maritale lui est, il est vrai, nécessaire, au moins pour les engagements dérivant de la volonté; mais, cette autorisation une fois accordée, l'incapacité de la femme disparaît.

Ces principes s'appliquent, sans aucun doute, sous quelque régime que la femme soit mariée (1). Les engagements de la

(1) La Cour de cassation a même décidé que l'incapacité absolue de s'obliger ne pourrait pas être créée par convention (Cass. civ. 22 déc. 1879. S. 80. 1. 125).

femme dotale sont donc exécutoires sur ses biens paraphernaux; nous n'exceptons pas même (nous l'avons dit) l'obligation de garantie qu'elle contracte accessoirement à la vente des biens dotaux.

Mais les biens dotaux eux-mêmes sont-ils soumis à l'action de ceux qui acquièrent pendant le mariage une créance sur la femme ? La négative est incontestable en principe : Si l'engagement de la femme pouvait s'exécuter sur ses biens dotaux, (1) — nous ne parlons plus des meubles qui, pour nous, sont aliénables, — la règle de l'inaliénabilité serait complètement tournée et les biens que la loi réserve pour les besoins de la famille serviraient à satisfaire aux caprices des époux. En outre la femme ferait indirectement ce qu'il lui est défendu de faire directement.

Cette solution n'est pas pourtant sans subir des restrictions, comme nous allons le voir en nous occupant successivement des quatre sources d'obligations reconnues par le législateur.

## Section I. — Des engagements résultant d'un contrat.

Pour examiner l'effet sur les biens dotaux des engagements résultant de contrats, il faut, à cause de l'importance que présente, au point de vue des fruits, la séparation de biens, distinguer entre l'époque qui précède et celle qui suit cet événement.

---

(1) Nous emploierons désormais cette expression, étant bien entendu que, pour nous, il ne s'agit que d'immeubles ; mais le raisonnement s'appliquerait aux meubles dans le système qui admet leur inaliénabilité.

### § I. — Des engagements contractés avant la séparation de biens.

Une femme non séparée de biens s'est obligée par contrat, les créanciers pourront-ils saisir les biens dotaux ? La négative paraît s'imposer.

L'inaliénabilité dotale doit soustraire la femme à l'influence du mari ; si la femme pouvait s'engager sur sa fortune dotale, le mari arriverait par un chemin détourné à appauvrir la femme tout aussi bien que par l'aliénation de ses biens.

Au surplus tout le monde est d'accord pour refuser aux créanciers dont nous parlons le droit de saisir les biens dotaux pendant le mariage. Mais *quid* des fruits et revenus de ces biens ? *Quid* si les créanciers se présentent après la dissolution du mariage ? Ces deux questions appellent une sous-distinction dans notre paragraphe.

A. *Les créanciers se présentent avant la séparation de biens.* Ils ne pourront pas plus saisir les revenus des biens que ces biens eux-mêmes. La jurisprudence l'a reconnu d'une façon constante et les auteurs l'admettent également. En effet les fruits, avant la séparation de biens, appartiennent au mari. Quant aux biens eux-mêmes, l'article 1554 interdit évidemment qu'ils soient saisis dans notre hypothèse.

Une difficulté pourra cependant se présenter à propos du droit de poursuite des créanciers. Si la femme possède pour tout bien un immeuble partie dotal, partie paraphernal et sur lequel on ne puisse pas procéder à une séparation, comment s'exercera l'action des créanciers sur la partie paraphernale, qui est leur gage en vertu de l'article 2092 ? La jurisprudence a admis une solution à laquelle nous souscrirons : les créanciers pourront saisir l'immeuble et le faire vendre pour le tout ; mais la femme aura droit à une portion du prix correspondant à la partie dotale (1). C'est d'ailleurs une solution que l'article 1558 (al. 6) autorise par analogie ; aussi, conformément à cet article (dernier alinéa), il sera fait emploi au profit de la femme de sa portion de prix.

Une question très voisine est celle de savoir si les dettes con-tractées par la femme pendant le mariage peuvent être exécu-tées sur les immeubles qui, sans être dotaux, remplacent les meubles dotaux.

Il faut, pour que ce problème puisse se poser, admettre avec la jurisprudence et contrairement à l'opinion que nous avons soutenue que les meubles dotaux sont inaliénables et, par suite, insaisissables. Or, les immeubles qui remplacent les meubles dotaux ne sont pas dotaux (art. 1553) en principe ; il en est ainsi notamment de l'acquisition faite au moyen des deniers dotaux ou de la dation en payement effectuée par celui qui a promis une dot en argent. Les immeubles ainsi acquis sont-il insaisissables ?

La question, — qui, nous le répétons, ne saurait se poser pour nous, — est très controversée et trois opinions ont été soutenues ; d'après l'une l'immeuble est saisissable mais les créanciers sont tenus d'en faire ressortir le montant de la dot mobilière qu'il représente et qui doit être employé à l'acquisi-tion d'un nouvel immeuble ; celui-ci sera lui-même saisissable, et ainsi de suite.

Ce système, soutenu par les auteurs les plus considérables (2), et adopté par la Cour de cassation (3), est le complément natu-rel de la doctrine inventée par la jurisprudence sur l'inaliéna-bilité de la dot mobilière ; il est certain qu'on ne peut logique-ment, tout en interdisant la saisie des meubles dotaux, permettre

(1) Pau, 12 août 1868. S. 68. 2. 299.

(2) Tessier, *De la dot*, t. 1, p. 248, note 41. — Aubry et Rau, t. 5, § 538, p. 611, note 23. — Dutruc, *Séparation de biens*, n⁰ 455.

(3) Cass. 11 mai 1859. S. 59. 1 481. — Cass. 12 avril 1870. S. 70. 1. 185. — Montpellier, 21 juillet 1871. S. 71. 2. 88. — Cass. 21 novembre 1871. S. 71. 1. 115.

celle des immeubles qui viennent les remplacer dans le patrimoine. Mais la nécessité d'adopter cette solution pour compléter l'inaliénabilité de la dot mobilière, montre une fois de plus combien cette inaliénabilité est illégale : l'article 1553 dit formellement que les immeubles remplaçant les meubles dotaux ne sont pas eux-mêmes dotaux et la jurisprudence croit devoir admettre le contraire.

Mais s'il est logique, ce premier système est peu pratique et il est vexatoire, pour la femme : en obligeant les créanciers, qui saisissent l'immeuble, à réserver la portion du prix qui représente le meuble dotal aliéné, il les excite à poursuivre de nouveau l'expropriation aussitôt que ladite valeur aura été convertie en un nouvel immeuble et que cet immeuble paraîtra offrir une valeur supérieure. Aussi préférerions-nous au système de la Cour de cassation une opinion qui est restée isolée et qui rend entièrement insaisissable l'immeuble acquis des deniers dotaux (1). Elle ne donne pas prise à cette dernière objection.

Quoi qu'il en soit, comme la précédente, et plus encore, cette opinion contredit formellement l'article 1553 en considérant comme dotaux les immeubles qui viennent remplacer les meubles dotaux. Il ne reste donc qu'un dernier parti à prendre : décider que ces immeubles, étant paraphernaux, sont saisissables sans restriction et sans aucune obligation imposée aux créanciers (2). Quelque fâcheuse que soit cette solution pour ceux qui admettent l'inaliénabilité de la dot mobilière, il paraît néanmoins impossible de l'écarter.

Il en serait autrement, non seulement dans le système de l'inaliénabilité, mais aussi dans le nôtre, — si la condition d'emploi avait été stipulée dans le contrat de mariage : l'article 1553 décide, en effet, que dans cette hypothèse l'immeuble

(1) Bertauld, *Questions*, nos 629 à 635.
(2) Marcadé, t. 6. Sur l'article 1553, no 4. — Troplong, t. 4, nos 3189 et 3193. — Guillouard, t. 4, nos 1742 et 2088.

est dotal ; il est donc frappé d'une inaliénabilité et d'une insaisissabilité absolues.

Nous avons invoqué le principe d'inaliénabilité de l'article 1554 pour déclarer que les dettes contractées durant le mariage ne peuvent s'exécuter sur les biens dotaux. Mais *quid* de ces dettes dans les cas où le principe d'inaliénabilité disparaît ?

Nous avons suffisamment parlé de ce qui concerne l'établissement des enfants (art. 1556) pour n'y pas revenir.

Dans le cas où le contrat de mariage permet à la femme d'aliéner les biens dotaux (art. 1557), nous déciderons avec la jurisprudence qu'elle ne peut cependant pas pour cela s'obliger sur ces mêmes biens. « Nonobstant la plus large stipulation de disponibilité, le droit d'user ou même d'abuser de sa fortune immobilière, réservé par la femme, rencontre encore pour limites la défense de la compromettre ou de la dissiper par des engagements et des obligations pris sur cette fortune. » (1) La femme aperçoit beaucoup moins bien les effets lointains d'un engagement, que ceux d'une aliénation immédiate : celle-ci peut être permise sans entraîner la faculté de s'engager.

La loi, au contraire, n'a pas pu, croyons-nous, permettre l'aliénation avec autorisation de justice (art. 1558), sans permettre implicitement aux tribunaux d'autoriser l'emprunt dans les mêmes cas. Seulement, cette autorisation est nécessaire ; la remarque en est d'autant plus importante que tout le monde n'en convient pas. D'après certains arrêts, le créancier qui a fourni les fonds dans les cas prévus par l'article 1558 peut quelquefois poursuivre son payement sur les biens dotaux, alors même que la femme s'est engagée sans l'autorisation de la justice, pourvu que le tribunal constate lors de la demande en validité de saisie que la dette a réellement été contractée pour une cause prévue par l'article 1558.

(1) Bordeaux, 22 décembre 1857. S. 58. 2. 529.

Cette doctrine peut être pratique mais elle est est trop contraire à la lettre et à l'esprit de l'alinéa 1er de l'article 1558. On ne peut pas permettre à la femme de se soustraire sous prétexte de nécessités quelconques au contrôle organisé par cette disposition.

Il est cependant un cas où la dette contractée par la femme, sans l'autorisation de la justice, pour la conservation du fonds dotal, pourra être exécutée sur les biens dotaux. L'exception que nous admettons est en faveur de l'avoué qui a occupé pour la femme dans une instance en séparation de biens, si la demande formée par la femme a été accueillie. Il n'est pas possible, en effet, de demander aux tribunaux, d'apprécier l'opportunité de l'action en séparation, et cependant l'événement prouve évidemment que la dette a été contractée pour la conservation de la dot (1).

Si la femme avait succombé dans son procès, la dette envers l'avoué étant inutile, nous sommes obligé de reconnaître qu'elle ne pourrait pas être poursuivie sur les biens dotaux, ni sur leurs revenus. Mais cette restriction n'a pas été admise en pratique (2).

B. *Les créanciers se présentent après la séparation de biens, mais avant la dissolution du mariage.*

Ils ne peuvent saisir les biens eux-mêmes, car la séparation de biens ne change rien à l'inaliénabilité ; mais peuvent-ils au moins en saisir les fruits et revenus? Il est généralement reconnu que ceux-ci ne peuvent pas être saisis en totalité. M. Laurent a, il est vrai, fortement soutenu le contraire (t. XXIII, p. 542): il a fait remarquer que la loi n'applique nulle part l'inaliénabilité aux fruits et aux revenus des biens dotaux ; mais la plupart des auteurs ont résisté. Seulement une grave controverse les a divisés sur le point de savoir si la sai-

(1) Cass. civ., 5 février 1868. S. 68. 1. 173.
(2) Cass. req., 8 avril 1862. S. 62. 1. 1045.

sie est interdite pour le tout ou jusqu'à concurrence des besoins du ménage.

Pour permettre de saisir la portion excédant les besoins on a dit que la destination des fruits et revenus serait ainsi sauvegardée ; que ladite portion, disponible entre les mains du mari lorsqu'il a la jouissance, devient également disponible entre celles de la femme, après séparation de biens (1). Mais cette doctrine n'a pas prévalu. Aujourd'hui, la jurisprudence décide que les fruits des biens dotaux sont absolument insaisissables, en général, pour l'exécution des obligations contractées par la femme avant la séparation de biens ; le motif est dans cette « heureuse impuissance » où le législateur a mis la femme dotale pour qu'elle retrouve, au moment de la séparation de biens, sa fortune dotale franche et libre de toute obligation antérieurement contractée (2). Ce motif a été formulé ainsi par un arrêt de la Cour d'Agen du 1er février 1870 (3). « Attendu en ce qui concerne les revenus échus depuis la demande en séparation que la femme n'a pu les engager à l'avenir par des obligations contractées pendant qu'elle était placée sous l'influence de son mari, et compromettre ainsi les ressources que la loi a voulu réserver à la famille ; que s'il en était autrement, les effets de la séparation de biens seraient illusoires, puisqu'elle laisserait la femme exposée à toutes les conséquences des engagements que son mari aurait arrachés à sa faiblesse... » Par exception on a admis que si la femme avait

(1) Troplong, IV, 3302 à 3303. — Marcadé sur 1554, n° 4. — Tessier, *Questions sur la dot,* n° 145.

(2) Aubry et Rau, t. 5, § 538, p. 608, n° 16 et autorités citées. — Nous avons au contraire permis au mari d'engager l'excédant éventuel des revenus (V. page 21) parce que pour lui il n'est pas question d'incapacité. De même voy. page 158 pour la femme séparée de biens.

(3) J. P. 1870, 1163. Déjà un arrêt du Parlement de Paris du 28 mai 1867, décidait que les fruits et revenus ne peuvent être saisis pour aucune portion « parce qu'en vain les biens dotaux seraient inaliénables, si la femme n'en pouvait jouir étant veuve ou séparée de biens ; il ne faut pas qu'elle soit une Tantale dans les eaux » (Henrys, t. 2, p. 777).

contracté des engagements pour son entretien *personnel* et pour une cause ayant un caractère de nécessité, la saisie des fruits deviendrait possible après la séparation de biens (1). De même on a décidé que les fruits et revenus seraient saisissables si la dette avait pour cause la conservation des biens dotaux.

Bien qu'il soit très délicat de faire ainsi fléchir les principes, nous devons reconnaître que dans les deux hypothèses qui précèdent, l'influence du mari n'était pas à redouter ; on se trouvait même dans deux cas où l'article 1558 autorise l'aliénation de l'immeuble. Nous ne prétendons pas tirer un argument très probant de cette dernière considération parce que d'abord la permission de justice n'avait pas été demandée, parce qu'en second lieu la question de l'engagement des fruits est tout autre que celle de l'aliénation des biens ; mais on peut bien tout en respectant le but du régime dotal (et c'est là notre criterium dans cette matière difficile) grever la jouissance de la femme séparée de biens au profit de créanciers qui l'ont secourue dans des circonstances aussi dignes d'intérêt.

C. *Les créanciers se présentent après la dissolution du mariage.* Nous trouvons ici pour les fruits la même controverse qu'après la séparation de biens. Mais nous la trancherons d'autant plus volontiers comme tout à l'heure, qu'il ne peut pas être question d'une saisie jusqu'à concurrence de ce qui excède les besoins de la famille, puisque le ménage n'existe plus. Au surplus nous renvoyons à ce qui sera dit dans la section suivante. Ici la question se pose de plus, pour les biens eux-mêmes et elle se résout d'après le fondement que l'on donne à l'inaliénabilité. Nous allons envisager successivement l'hypothèse où le mari est mort le premier et celle où la femme est morte la première.

*Première hypothèse.* Si avec nous on admet que l'inaliénabi-

(1) Voy. Pau, 25 novembre 1879. D. 81, 2, 112.

lité est fondée sur une incapacité de la femme, il est clair que la femme ayant été *incapable d'engager ses biens dotaux*, ceux-ci malgré la mort du mari ne pourront être saisis. Si au contraire la dotalité était une indisponibilité il faudrait dire que les biens dotaux vont pouvoir être saisis (1). Nous avons montré les raisons de rejeter ce second système.

*Deuxième hypothèse.* Les biens dotaux vont se trouver entre les mains des héritiers de la femme ceux-ci seront-ils comme la femme elle-même après la dissolution du mariage, protégés par la dotalité? D'après le système de l'indisponibilité il est clair que la dotalité doit disparaître dans ce cas.

Mais indépendamment de ce système on a proposé des distinctions ; les uns ont dit : si les héritiers sont des descendants, ils pourront comme la femme se couvrir de la dotalité ; si au contraire les biens arrivent à des collatéraux, ou a des héritiers testamentaires ou même à des ascendants, la loi ne maintient plus la dotalité, laquelle est destinée à assurer aux enfants le patrimoine maternel (2). D'autres ont proposé de distinguer le mode d'acceptation de la succession : s'il y a eu acceptation sous bénéfice d'inventaire, alors seulement le patrimoine grevé de dette par la femme dotale reste sous l'empire des prohibitions.

Mais nous repoussons avec de savants auteurs toutes ces distinctions. L'article 1560 autorise les héritiers, sans distinction, à se prévaloir de la nullité de l'aliénation directe ; nous ne voyons aucune raison pour décider autrement en ce qui concerne l'aliénation indirecte qui résulterait d'une obligation.

Il y a cependant dans la seconde distinction proposée une part d'exactitude : savoir que l'héritier pur et simple sera tenu de l'obligation contractée par la femme, puisqu'elle est valable en elle-même ; elle pourra être poursuivie sur les biens personnels de l'héritier ; mais elle ne pourra pas l'être sur les biens dotaux.

(1) Troplong, IV, 3312.
(2) Paris, 12 juin 1833.

### § 2. — Des engagements contractés après la séparation de biens.

Nous avons dit déjà qu'au sujet de l'aliénation des biens dotaux il n'y a pas de distinction à faire entre la période qui précède et celle qui suit la séparation de biens. C'est ce que la Cour
de cassation a admis dès l'année 1819, et ce que, depuis, la jurisprudence entière et tous les auteurs ont reconnu.

Donc, en ce qui concerne le droit des créanciers de la femme
dotale sur les biens dotaux, nous n'avons pas non plus à tenir
compte de cet événement. Mais qu'en sera-t-il des fruits et revenus? Comme nous ne faisons pas dépendre cette seconde
question de l'aliénabilité ou de l'inaliénabilité, nous pouvons
très bien concevoir que la séparation ait une influence sur la
solution.

Tandis qu'en principe nous ne donnions aucun droit sur les
revenus des biens dotaux à ceux qui avaient contracté avec la
femme avant la séparation de biens, parce que la femme doit
reprendre son bien dotal, libre de tous engagements pris sous
l'influence de son mari, nous déciderons au contraire que,
séparée de biens, la femme peut engager l'excédant éventuel
de ses revenus sur les besoins de la famille. Quand le mari
avait l'administration et la jouissance nous n'avons vu aucun
obstacle à lui donner un droit semblable, maintenant que la
femme le remplace, elle pourra s'engager comme lui.

Seulement nous supposons pour admettre cette solution que
le créancier se présente avant la dissolution du mariage, de
même que nous supposions (et cela allait de soi) que les créanciers du mari se présentaient *durant l'administration du mari.*
Pour nous, si les créanciers peuvent saisir l'excédant des revenus dotaux sur les besoins du ménage c'est lorsque cet excédant entre dans le patrimoine disponible de leur débiteur,
c'est-à-dire lorsque celui-ci administre,

Si donc les créanciers se présentent après la dissolution du mariage, la solution, bien que très controversée va, pour nous, être fort simple.

Après la dissolution du mariage les revenus seront insaisissables pour la totalité ; on ne peut pas d'abord à cette époque, connaître la portion qui excède les besoins de la famille, et si les revenus étaient saisissables, ce serait pour le tout. Il est d'ailleurs contraire à l'esprit du régime dotal que la fortune dotale soit grevée à l'égard de la famille par des engagements contractés par la femme pendant le mariage.

Au reste, telle est la doctrine admise par la jurisprudence la plus récente, ce qui nous dispense de faire connaître les variations qu'elle a subies. Disons seulement qu'elle rejette une distinction qui a été longtemps admise et d'après laquelle les revenus seraient encore saisissables quand la femme survit à la dissolution du mariage. Précisément dans cette hypothèse un arrêt a décidé que « le principe de l'inaliénabilité de la dot n'est respecté qu'autant que si, à la fin de l'union matrimoniale, le fonds dotal rentre en la possession de la femme ou de ses héritiers, libre de toutes charges créées pendant sa durée ». (1)

## Section II. — Engagements résultant
## d'un quasi-contrat.

La question de savoir si les incapables s'obligent par quasi-contrat se résout, d'après l'opinion générale, par une distinction : si l'incapable a joué un rôle volontaire, il n'est pas

(1) Caen, 21 avril 1875 (J. P. 1875, p. 1101) et note de M. Lyon-Caen.

obligé ; son engagement est au contraire, pleinement valable si sa volonté n'a eu aucune part dans le quasi-contrat. C'est ainsi que la femme mariée qui, sans autorisation de son mari, gère les affaires d'autrui, ne répond pas des conséquences de son immixtion, et qu'au contraire elle est tenue des suites de la gestion de son propre patrimoine.

Si cette théorie est exacte, elle s'applique à l'incapacité toute spéciale que le régime dotal consacre. Les biens dotaux sont donc à l'abri des conséquences des engagements que la femme assume dans les quasi-contrats où elle joue un rôle actif. Lorsqu'au contraire la femme n'est plus que partie passive, les tiers ont le droit de poursuivre même sur sa dot le payement de ce qui leur est dû (1).

Le système de l'indisponibilité aboutit naturellement à une solution différente ; peu importe pour lui que le tiers ait géré les affaires de la femme avec fruit et profit, celui-ci n'aura de recours que sur les paraphernaux, parce que la dot est absolument inaliénable.

Au contraire en partant de l'idée que la femme dotale est une incapable, nous ne voyons pas comment on peut se refuser à appliquer les règles équitables qui sont admises en matière d'incapacité. Aussi nous parait-il surprenant que plusieurs partisans de la doctrine de l'incapacité n'admettent pas la distinction proposée ici (2). Tout au moins devrait-on admettre que le gérant, lorsque le bien aura porté sur un bien dotal, puisse agir sur ce bien jusqu'à concurrence de l'*in rem versum* (3). Il n'y aurait là qu'une application par analogie du principe de simple équité consacré dans les articles 1241 et 1312 C. civ. Mais cette proposition subsidiaire a été prévue par

(1) *Sic.* Déloynes, *Rev. crit.* 1882, p. 573.

(2) Troplong, t. 4, n° 3332. Aubry et Rau, t. 5, § 538, p. 614 n° 31. Guillouard t. 4 n°ˢ 1868 et 1861.

(3) Dans ce sens Seriziat, *Trib. du régime dotal* t. 3, n° 1823 ; Jouiton, n° 150.

MM. Aubry et Rau qui répondent : « Dans ce cas là même, il faut s'en tenir au principe que les biens dotaux ne peuvent être engagés dans l'intérêt de la dot, qu'avec l'autorisation préalable de la justice. »

Il y a dans ce raisonnement une grave confusion. Sans doute l'article 1558 exige l'autorisation de la justice, mais dans quelles circonstances ? — Quand les époux veulent aliéner et même, quand ils veulent emprunter. Mais cette nécessité ne s'impose plus aussi rigoureusement quand un tiers vient de lui-même au devant des besoins de la femme. Nous devons ici, comme toujours, nous rappeler que le but de l'incapacité dotale est de protéger la femme contre sa propre faiblesse et les abus d'influence du mari. Or, ici il n'y a à redouter aucun danger de cette nature.

Cette dernière observation sera juste dans tous les cas où il n'y aura aucune manifestation de la volonté de la femme ; c'est pourquoi, en fait, dans les cas prévus par l'article 1558, al. 2, 3, 4 et 5 la femme se trouvera engagée très souvent sans autorisation préalable de la justice. Tout ce que nous avons défendu c'est que la femme emprunte sans cette autorisation.

Il sera quelquefois à la vérité, très difficile aux tribunaux d'apprécier s'il y a eu un emprunt ou un quasi-contrat de gestion d'affaires ; c'est ce qui explique que la jurisprudence hésite à adopter notre distinction.

C'est ainsi que dans un arrêt rendu contre une femme dotale à l'occasion d'un délit, la Cour de cassation dit dans ses considérants que « le principe de l'inaliénabilité n'a pour objet que les contrats et les *quasi-contrats* (1) » et cependant les considérants d'un arrêt de la Cour de Caen, datant de la même époque, (2) vont beaucoup plus loin que nous. Un tiers, le notaire de la dame Lebey, avait librement payé à l'État les droits de mutation dûs par la dite dame Lebey, femme dotale. Il agis-

(1) Cass. req. 16 fév. 1880. S. 81. 1. 351.
(2) Caen, 18 juin 1880. S. 81. 2. 1 et note Labbé.

sait en recouvrement contre celle-ci. « Considérant, dit la Cour, que s'il a paru juste au législateur d'autoriser l'aliénation de l'immeuble dotal pour faire de grosses réparations nécessaires à sa conservation, on ne saurait refuser cette autorisation, lorsqu'il s'agit d'une dépense *qui a servi à consolider* dans la main de la dame Lebey une partie de sa dot ; — que la saisie doit donc être validée de ce chef. »

Nous avons déjà dit qu'on ne devait pas admettre dans ces termes absolus que l'autorisation *préalable* fut négligée ; mais ne peut-on pas dire que le véritable motif de cette décision juste en elle-même, était qu'il y avait eu un quasi-contrat où la femme jouait un rôle passif? C'est là notre conviction, et c'est aussi la pensée du savant arrêtiste.

## Section III. — Engagements résultant de la loi d'un délit ou d'un quasi-délit.

Dans les obligations qui résultent de la loi du délit ou d'un quasi-délit, l'incapacité dotale ne peut être d'aucune conséquence puisqu'elles sont indépendantes de tout consentement.

Cette solution ne présente guère de doute pour les obligations dérivant de la loi. Par exemple le payement de la contribution foncière due par la femme pourra être poursuivi sur ses biens dotaux. Il en sera de même pour le payement des droits de mutation dus par la femme à l'occasion d'une succession.

La Cour de Caen dans l'espèce indiquée tout à l'heure avait, précisément à trancher cette question préalable avant de décider que l'avance faite par le notaire avait *servi à consolider* la dot. Cette avance avait-elle réellement évité à la femme une saisie ? Voici ce que dit très justement la Cour de Caen : « Considérant, en principe, que l'article 1554 n'a eu pour but que de

préserver les femmes mariées sous le régime dotal des influences qui pourraient agir sur leur consentement, soit dans les
conventions, soit dans les actes de la vie civile assimilés aux
contrats ; — que le but et l'esprit du régime dotal, c'est que la
femme ne puisse compromettre sa dot par des engagements ordinaires qu'on pourrait trop facilement lui faire souscrire ; —
qu'une pareille loi de protection serait détournée de son objet
si elle pouvait avoir pour conséquence d'exonérer la femme
d'une obligation de la nature de celle dont il s'agit ; — qu'il
ne s'agit point ici d'un de ces engagements volontaires en vue
desquels le législateur a voulu protéger la femme ; — qu'il
s'agit au contraire d'une obligation que la loi impose directement indépendamment de la volonté de l'obligée ; — qu'en
effet, en devenant l'héritière de Pierre Guillot, son frère, la
dame Lebey s'est trouvée *ipso facto* débitrice des droits de mutation dus envers le Trésor à raison de la succession qu'elle recueillait;... qu'il doit s'en suivre également que l'Administration exercera son action sur tout ce que peuvent posséder ses
débiteurs sans distinction, en vertu du principe posé par l'article 2092 C. civ., à savoir : que quiconque s'est obligé personnellement est tenu de remplir son engagement sur tous ses
biens mobiliers et immobiliers, présents et à venir... »

Nous ne saurions mieux montrer que dans les obligations
dérivant de la loi, le fait qu'il n'y a eu aucun acte volontaire
de la femme détruit l'insaisissabilité. « Cessante ratione legis,
cessat ejus dispositio ».

Les obligations dérivant d'un délit ou d'un quasi-délit ne
présentent pas plus de difficultés : la capacité n'y est pas plus
nécessaire que dans les engagements dérivant de la loi : par
suite elles sont toujours exécutoires sur les biens dotaux.

Nous assimilons, comme on le voit, les quasi-délits aux délits, la *simple faute* au *dol*. En équité, cette décision peut sembler douteuse. S'il est juste que chacun réponde des actes volontaires par lesquels il porte préjudice à autrui, on conçoit plus facilement que les biens dotaux ne répondent pas du dommage que la femme a, sans le vouloir, causé à un tiers.

L'assimilation des quasi-délits aux délits n'en est pas moins fondée soit dans le système de l'indisponibilité, soit dans celui de l'incapacité.

La première de ces deux doctrines ne doit, dans aucun cas, admettre de dérogation à l'inaliénabilité et l'iniquité de cette solution est une condamnation du système tout entier. On a en vain essayé de justifier une exception, du moins pour les délits, en se basant sur un motif dénué de valeur. On a invoqué le respect dû à la décision judiciaire qui condamne la femme à réparer les conséquences de son dol. Mais le respect dû aux décisions judiciaires, suffit d'autant moins à admettre cette dérogation que dans bien des cas, le tribunal ne peut accorder l'autorisation d'aliéner les biens dotaux.

La vérité est que la saisie des immeubles dotaux n'est admissible, que si on fonde leur inaliénabilité sur une incapacité de la femme ; on peut dire alors que si le mineur ou la femme mariée sous un régime quelconque s'obligent par leurs délits ou leurs quasi-délits, il en est de même de la femme mariée sous le régime dotal, parce que son incapacité spéciale ne peut pas plus que les autres incapacités être invoquée dans ces circonstances.

Cependant nous voyons un certain nombre des partisans de notre opinion faire une distinction : s'ils admettent sans contestation la saisissabilité des biens dotaux pour les délits de la femme, il s'en faut qu'ils soient également d'accord sur les suites de son quasi-délit. La jurisprudence elle-même sans poser nettement la même distinction, paraît également, du moins dans la plupart des espèces, exiger que la femme ait commis un dol, c'est-à-dire se soit rendue coupable d'un délit proprement dit (1).

_______

(1) Voyez surtout : Pau, 2 juin 1880 ; D. 81. 2. 1. — Voyez aussi Cass., 16 février 1880. S. 81. 11 351. — Cass., 27 février 1883. S. 84. 1. 185.

Cette opinion ne peut guère se soutenir : sans doute la culpabilité de la femme est plus grande dans le délit que dans le quasi-délit, mais la capacité de l'obligé n'est nécessaire dans aucun de ces deux cas, et, par conséquent, les biens dotaux sont insaisissables (1).

Il peut paraître, nous en convenons, surprenant à première vue ; que le créancier en vertu du contrat soit plus mal traité que celui envers lequel la femme a commis un délit ou surtout un quasi-délit. Mais ceci encore peut s'expliquer : une personne qui entre en relation avec un incapable a les moyens de connaître l'incapacité de celui-ci ; il en est autrement de la victime d'un délit ou d'un quasi-délit.

Une question singulièrement délicate se présente ici ; qu'arriverait-il si le dol ou la faute étaient commis soit dans la formation soit dans l'exécution d'un contrat ? Les biens dotaux seraient-ils saisissables parce que la femme devrait être considérée comme obligée par délit ou quasi-délit ; ou bien seraient-ils insaisissables parce qu'il s'agirait d'un contrat ? La jurisprudence fait des distinctions que nous voudrions bien étudier, mais deux raisons nous en empêchent.

En premier lieu la question n'est pas spéciale à notre sujet elle se rattache à une théorie générale que la doctrine à formulée depuis peu de temps, celle de la distinction à faire entre la faute contractuelle et la faute délictuelle.

Ajoutons à cette raison majeure, que la doctrine que nous adopterions si nous pouvions aborder ce sujet est celle que notre maître, M. Labbé, a formulée dans une note récente (2). Nous ne saurions donc que lui emprunter ses heureuses expressions : « L'idée que le dol qui a déterminé un contrat reste en dehors du contrat, en tant que cause d'obligation, est une idée spécieuse ; mais dans cette voie il faudrait aller plus loin. Le

(1) Pascaud, *Revue critique*, 1882, p. 140. — Aubry et Rau, t. 5, § 538 p. 614, note 32.
(2) Note S. 86. 1. 5.

dol qui altère l'exécution d'un contrat est ni plus ni moins étranger au contrat que le dol qui altère sa formation. Le dol, en tant qu'il est une source propre de dommages-intérêts et qu'il aggrave la situation du débiteur contractuel, est toujours un fait illicite. Mais l'un comme l'autre de ces dols se rattachent au contrat par un lien finement aperçu par les jurisconsultes romains. D'une part, quiconque se met en relation avec un autre pour la formation d'un contrat, s'engage implicitement à agir loyalement dans les pourparlers préliminaires et dans l'exécution. Lorsqu'un dol se découvre, l'autre partie, la partie trompée, est autorisée à dire à son adversaire : « Vous avez violé le contrat, vous avez manqué à la foi qui doit régner entre les hommes dans les rapports contractuels. Je n'ai pas seulement reçu de vous un dommage, j'ai éprouvé un manque de foi, c'est-à-dire une contravention à la loi du contrat. D'autre part, celui qui contracte doit examiner les qualités de la personne avec laquelle il se met en relation. Il n'est pas dans la situation d'un tiers victime d'un délit. »

Quelque dure que cette théorie puisse paraître pour les tiers, nous ferons remarquer qu'ils sont avertis de l'incapacité de la femme avec laquelle ils traitent, puisque, grâce à la loi du 10 juillet 1850, ils n'ont qu'à consulter l'acte de célébration du mariage pour arriver à connaître le contrat (1). M. Labbé admet d'ailleurs que si des manœuvres dolosives avaient été employées pour faire croire à la capacité, la femme serait obligée sur sa dot par son délit. Nous devons ajouter qu'il en serait de même, pour la femme mariée avant la loi du 10 juillet 1850, alors même qu'elle aurait fait une déclaration pure et simple tendant à faire croire qu'il n'y a pas eu de contrat : dans ce cas comme dans le précédent, le tiers ne serait pas en faute de s'être trompé et l'application par analogie de l'article 1307 ne serait plus possible.

-------

(1) Cpr. art. 1307, C. civ.

# POSITIONS

---

## DROIT ROMAIN

### 1° Positions prises dans la thèse.

I. — La dot mobilière fut aliénable à toutes les époques du Droit romain.

II. — A aucune époque du Droit romain la femme n'eut la propriété de sa dot.

III. — La prohibition de l'hypothèque des immeubles dotaux est postérieure à la loi Julia.

### 2° Positions prises en dehors de la thèse.

I. — Au début du Droit romain la femme tombait toujours sous la *manus* du mari.

II. — Le *nauticum fœnus* n'était pas une variété du *mutuum*; il constituait un contrat spécial.

III. — L'action *quod metus causá* n'était pas subsidiaire.

IV. — Au début du Droit romain, le *divortium boná gratiá* n'existait pas.

# DROIT FRANÇAIS

### 1º Positions prises dans la thèse

I. — L'inaliénabilité est fondée sur l'incapacité de la femme et non sur l'indisponibilité des biens.

II. — La dot mobilière est aliénable.

III. — La femme ne peut disposer de ses immeubles dotaux ni à titre d'institution contractuelle, ni à titre de partage anticipé, ni à titre de donation entre époux.

IV. — La femme mariée ne peut, même par contrat de mariage, stipuler l'incapacité de s'obliger.

### 2º Positions prises en dehors de la thèse.

## DROIT CIVIL

I. — L'article 299 du Code civil, doit être étendu à la séparation de corps.

II. — L'article 2279 du Code civil, est fondé sur une présomption légale de propriété, laquelle ne peut être combattue par la preuve contraire.

III. — Le droit de rétention est un droit réel.

IV. — Le légataire à titre universel, de même que le légataire universel, a droit aux fruits, du jour même de l'ouverture de la succession, s'il forme sa demande dans l'année.

## PROCÉDURE CIVILE

I. — Devant les tribunaux de commerce il y a deux espèces de jugements par défaut contre le défendeur.

II. — Devant les tribunaux de commerce il y a lieu au défaut profit-joint.

III. — Quand le demandeur fait défaut, le tribunal doit prononcer le renvoi sans examen.

# DROIT CONSTITUTIONNEL ET SCIENCE FINANCIÈRE

En matière de lois de finances, le Sénat a les mêmes droits que la Chambre des députés, pourvu que celle-ci ait été saisie et ait voté la première.

*Paris, le 6 avril 1889.*
*Le Président de la Thèse,*
Ch. Lyon Caen.

Vu par *le Doyen,*
Colmet de Santerre

Vu et permis d'imprimer,
*Le Vice Recteur*
*de l'Académie de Paris,*
Gréard

# TABLE DES MATIÈRES

## DROIT FRANÇAIS.

DES DROITS ET DES OBLIGATIONS DE LA FEMME DOTALE RELATIVEMENT
A SA DOT PENDANT LA DURÉE DU MARIAGE.

Imp. G. Saint-Aubin et Thevenot, St-Dizier (Hte-Marne), 30, Passage Verdeau, Paris.

www.ingramcontent.com/pod-product-compliance
Lightning Source LLC
LaVergne TN
LVHW020522060726
842525LV00004B/1030